THOTH TAROT
実践 トート・タロット

藤森　緑

はじめに

　私が市販のタロット・カードを初めて入手したのは17歳の頃で、それは書店に並んだ定価千円にも満たない、薄い解説書と22枚のカードがセットになったものでした。それは私の占い人生が始まった瞬間だったといっても過言ではありません。

　それから毎日のように、暇を見つけては自己流のタロット占いを繰り返し続けました。特に、タロット占いに人の気持ちが反映されることに、深い感嘆と強烈な魅力を感じていたのです。世の中には、こうした摩訶不思議なツールがあったのだと、誰も知らない秘密機器を手に入れたかのような感覚に陥っていました。

　その頃の私は無口で自信がなく、自分は常に周りの人達から重い感情を持たれていると、信じ込んでいる面がありました。しかし、タロット・カードは大抵の場合、私の想像とは違う答えを導き出したのです。「多くの人が、あなたに好感を持っていますよ」と。

　不安に陥っては占うことを繰り返し、カードが告げるメッセージを読む度に、安堵感を得ることができました。次第に私は、誰もが普通に持っているはずの人間としての自信を培い、前向きに人と接することができるようになったのです。

　運命の導きによりプロの占い師になってから、20年以上の月日が流れましたが、現在も相変わらず、頻繁にタロット・カードに触れる生活を送っています。タロット占いに関する著作は、本書を含めて8冊目となり、現在はタロット占いの通信講座も持たせていただいています。世間にタロット占いを伝えることへの強烈な熱意があった訳ではなく、流れに任せ、ここまでやってきました。まるでタロットの方から接近してくるような感覚を覚え続け、昨今になってようやく、これは私の使命の一つなのだと受け止めるようになりました。

　本書では、魔術師アレイスター・クロウリーが1940年代に制作した、「トート・タロット」を解説しています。世界で一番売れているタロット・デッキは、アーサー・エドワード・ウェイトが作成した「ライダー版」と呼ばれるものですが、トート・タロットは、その次に人気があるデッキであるといってもいいでしょう。しかし、クロウリーが執筆した解説書である『トートの書』の内容が難解であることもあり、ライダー版に比べて、出回っている解説書が非常に少ないという難点があります。トート・タロットを占いで使用するためには、まずはクロウリーの思想を学ぶ必要性が生じます。それが、このデッキへの敷居を高くしているといえるでしょう。

トート・タロットが持つ非常に幻想的な絵柄に、魅了されている人は多いでしょう。この幻想的なイラストや色彩は、占う人の直感力を引き出す、高い作用を持っています。そのため、霊感や直観を重視して占うタイプの占い師は、このトート・タロットを使用している場合が多いようです。それも解説書に頼ることなく、占い師自身のフィーリングを活かして意味を想像し、カードを読み取っているのです。

　それに対してライダー版のタロットは、まるで一枚の写真を模写したような、リアリティのある絵柄です。そのため霊感や直観よりも、知識や思考によるリーディングに適したデッキであるといえるでしょう。

　しかし、全ての卜術にいえることですが、各カードが持つ意味は、占って読み取る人の意識により、大きく変化します。例えば、大多数とは違う独自のカードの意味を編み出していたり、従来とは違ったカードの意味を覚え込んでいたりしても、その人が占って展開されるカードには、きちんとその人の記憶と意志が反映されているのです。それは卜術を通してメッセージを伝える存在が、リーディングをする人の意識を読み取り、それに合わせてカードを出すためであるといえます。占いとは、それだけ豊かな柔軟性を持つものなのです。

　ですから、「このカードは、こう読まなければならない」というような四角四面の思考を捨て、肩の力を抜きリラックスして、タロット占いを楽しみましょう。特にトート・タロットは、霊感や直観を活かしやすいデッキです。製作者である魔術師のクロウリーも、「占いの結果は、占い師の内外に存在する『知霊』からの返答である」という考えを持っていました。機械のように、決まった動きをするだけの道具ではないのです。

　本書は、占い用の解説書が少ないというトート・タロットの敷居を下げ、少しでも気軽に占えるタロット・デッキとすることを、目的としています。歴史や神秘思想、クロウリー自身のことを詳しく知りたい方は、他にも多くの研究書が出版されていますので、そうした書籍をご参照ください。本書では、クロウリーが遺したトート・タロットの解説を重視し、トート・タロットを実占で使いやすくすることに、最も重点を置いています。このカードを理解する上で必要なカバラ、占星術、ヘブライ文字、錬金術にも言及していますが、そのような知識がなくても占いに支障はありません。ご興味のない方はそうした項目を飛ばし、「Ⅱ　トート・タロットカード解説」からお読みください。

　さあ、引き出しの奥で眠らせていたトート・タロットを取り出して光に当て、早速今日から活用していきましょう。

Contents

実践トート・タロット　目次

はじめに 2

I　トート・タロットとは……9

1　アレイスター・クロウリーについて……10
（1）クロウリーという魔術師……10

（2）クロウリーの生涯……13

（3）クロウリーの占い観……15

（4）クロウリーとトート・タロット……17

2　カバラについて……20
（1）カバラとは……20

（2）カバラとトート・タロットの関係……25

3　西洋占星術とトート・タロット……28
（1）西洋占星術との関連性について……28

4　ヘブライ文字について……31
（1）ヘブライ文字との関連性について……31

5　錬金術について……33
（1）錬金術との関連性について……33

6　トート・タロットの特徴……35
（1）図像に記された意味……35

II トート・タロットカード解説……37

1 アテュ……38

(1) アテュとは……38

(2) アテュ・各カードの解説……40

0 愚者 *The Fool* ……40

1 魔術師 *The Magus* ……44

2 女司祭 *The Priestess* ……48

3 女帝 *The Empress* ……52

4 皇帝 *The Emperor* ……56

5 神官 *The Hierophant* ……60

6 恋人 *The Lovers* ……64

7 戦車 *The Chariot* ……68

8 調整 *Adjustment* ……72

9 隠者 *The Hermit* ……76

10 運命 *Fortune* ……80

11 欲望 *Lust* ……84

12 吊るされた男 *The Hanged Man* ……88

13 死 *Death* ……92

14 技 *Art* ……96

15 悪魔 *The Devil* ……100

16 塔 *The Tower* ……104

17 星 *The Star* ……108

18 月 *The Moon* ……112

19 太陽 *The Sun* ……116

20 永劫 *The Aeon* ……120

21 宇宙 *The Universe* ……124

2　小アルカナ ……128

（1）小アルカナについて ……128

（2）コート・カードについて ……131

（3）スモール・カードについて ……133

（4）小アルカナ・各カードの説明 ……137

棒の騎士【*Knight of Wands*】……137

棒の女王【*Queen of Wands*】……139

棒の王子【*Prince of Wands*】……142

棒の王女【*Princess of Wands*】……145

棒のエース【*Ace of Wands*】……148

棒の2【支配　*Dominion*】……150

棒の3【美徳　*Virtue*】……152

棒の4【完成　*Completion*】……154

棒の5【闘争　*Strife*】……156

棒の6【勝利　*Victory*】……158

棒の7【勇気　*Valour*】……160

棒の8【迅速　*Swiftness*】……162

棒の9【剛毅　*Strength*】……164

棒の10【抑圧　*Oppression*】……166

杯の騎士【*Knight of Cups*】……168

杯の女王【*Queen of Cups*】……171

杯の王子【*Prince of Cups*】……174

杯の王女【*Princess of Cups*】……177

杯のエース【*Ace of Cups*】……180

杯の2【愛　*Love*】……182

杯の3【豊潤　*Abundance*】……184

杯の4【贅沢　*Luxury*】……186

杯の5【失望　*Disappointment*】……188

杯の6【喜び　*Pleasure*】……190

杯の7【堕落　*Debauch*】……192

杯の8【怠惰　*Indolence*】……194

杯の9【幸福　*Happiness*】……196

杯の10【飽満　*Satiety*】……198

剣の騎士【*Knight of Swords*】……200

剣の女王【*Queen of Swords*】……203

剣の王子【*Prince of Swords*】……206

剣の王女【*Princess of Swords*】……209

剣のエース【*Ace of Swords*】……212

剣の2【平和　*Peace*】……214

剣の3【悲しみ　*Sorrow*】……216

剣の4【休戦　*Truce*】……218

剣の5【敗北　*Defeat*】……220

剣の6【科学　*Science*】……222

剣の7【無益　*Futility*】……224

剣の8【干渉　*Interference*】……226

剣の9【残酷　*Cruelty*】……228

剣の10【破滅　*Ruin*】……230

円盤の騎士【*Knight of Disks*】……232

円盤の女王【*Queen of Disks*】……235

円盤の王子【*Prince of Disks*】……238

円盤の王女【*Princess of Disks*】……241

円盤のエース【*Ace of Disks*】……244

円盤の2【変化　*Change*】……246

円盤の3【作業　*Works*】……248

円盤の4【力　*Power*】……250

円盤の5【心配　*Worry*】……252

円盤の6【成功　*Success*】……254

円盤の7【失敗　*Failure*】……256

円盤の8【深慮　*Prudence*】……258

円盤の9【獲得　*Gain*】……260

円盤の10【富　*Wealth*】……262

iv

III トート・タロットで占う……265

1 トート・タロットによる占い方……266
　（1）占いをする際の注意点……268
　（2）タロット占いの流れ……269

2 スプレッドについて……272
　（1）ワンオラクル……272
　（2）ツーオラクル……274
　（3）スリーマインド……276
　（4）ヘキサグラム……280
　（5）ケルト十字……284
　（6）生命の樹……288
　（7）ホロスコープ……294

参考文献……299
おわりに……300
著者紹介……302

I　トート・タロットとは

1 アレイスター・クロウリーについて

（1）クロウリーという魔術師

　アレイスター・クロウリーは、20世紀最大といわれるイギリスの魔術師です。大胆で奇怪な行動が多いことから「怪物」と称されることが多く、「神か悪魔か」「天才か狂人か」と、極端に評価が分かれる点でも有名でした。それ以外に彼に与えられた俗称は、「黒魔術師」「世界最大悪人」「変人」「食人鬼」など、悪意に満ちたものが大半だったようです。新聞紙上では、「スキャンダラスな悪魔主義者」という呼び名で知れ渡っていました。しかしその一方で、「新時代の預言者」「大詩人」「大思想家」とも称され、熱狂的な信者を多数得ていたのです。

　このように、クロウリーは並外れた存在感を持ち、常に異彩を放ち、世間をにぎわせる人物でした。しかし、トート・タロットの絵を描いたレディ・フリーダ・ハリスを含めた少数の友人達など、実際に交流があった人達にとっては、彼は冗談好きでユーモアセンスとウィットに富む、愛想の良い、非常に魅力的な人物だったのです。

　クロウリーは、世界中を飛び回るというグローバルな活動をすると同時に、執筆活動も非常に精力的に行い続けていました。クロウリーが遺した著作は膨大な数であり、1898年出版の詩集を皮切りに、1944年『トートの書』まで、生前には147冊を出版しました。彼の死後、人気は更に上昇し、生前に書かれた原稿も続々と出版され、その数は1976年までに確認されたものだけで、81冊にものぼります。中でも、魔術実験のためにマリファナ、ヘロインなど多種の薬物を自分自身で使用し、その人体実験を通しての結果を、多くの論文として発表している点は、異例であるといえるでしょう。

　クロウリーの座右の銘ともいえる代表的な言葉に、「全ての男女は星である」

「愛こそ法なり。意志下の愛こそが」「汝の欲することをなせ、これこそ『法』の全てならん」があり、クロウリーの魔術思想は、この三句に集約されるといいます。三句とも全て、召喚した守護天使エイワスから口述されたとする著書『法の書』に、記載されているものです。

「全ての男女は星である」という句は、クロウリーが魔術で重視するカバラに「男性と女性は神の前に等しく、同権である」という思想があり、それが基盤であるとも考えられます。また、「汝の欲することをなせ」というのは、決して自分のやりたい放題にやれば良いというのではなく、自分自身の中にある神聖を認識し、それに従って行動すること、それこそが宇宙の法であると、クロウリーは告げているのです。

　クロウリーが生まれる前に死去した、哲学者であり魔術師でもあるエリファス・レヴィこそが、前世の自分であると主張しているという、興味深いエピソードもあります。それは、著書『魔術—理論と実践』に記述されています。

　エリファス・レヴィは、タロットと神秘主義を本格的に結びつけた、最初の人物であるといわれています。エリファス・レヴィが他界した日は、クロウリーがこの世に生誕した約半年前のことです。クロウリーは、妊娠して数カ月の段階で、胎児に魂が取り憑くと想定していました。また、クロウリーとエリファス・レヴィの性格は、多くの点が微妙に似通っているといいます。また、レヴィの著書である『大秘奥の鍵』をクロウリーが読んだとき、自分の言おうと思っていたことが全てその本に記されていることに気づき、大変驚いたといいます。その上で、2人の文体は多くの点で、著しく似通っていると述べているのです。

　クロウリーの魔術師名は「メガ・テリーオン」であり、それは「大いなる獣」という意味を持ちます。その理由は定かではありませんが、クロウリーは自身に「獣666」という名称をつけ、魔術を行っていました。トート・タロットの「円盤エース」の絵柄の中央に、その名が書き込まれています。

　クロウリーは、魔術儀礼の目的の定義は、「小宇宙」と「大宇宙」の合体

であるとしました。そして、完結的で至高である儀式は、「聖守護天使の召喚」もしくは「神との合一」であると述べています。

　結婚後の1904年のある日、クロウリーは自宅の北に面した部屋を神殿とし、日々神を召喚する魔術的祭式を行っていました。すると、妻のローズ・ケリーを通して、エジプト神話の太陽神ホルスからの神託を受けたのです。ローズはエジプト神話に関して無知だったため、その神託の内容の信憑性は、非常に高いものでした。

　その召喚の儀式から約3週間後、ある声が彼に、彼の左肩越しから「書」を伝え始めました。それを伝えたのは、守護天使エイワスだったとクロウリーは述べています。3日間をかけて書き留められたその内容は、『法の書』として、1冊の本にまとめられました。

『法の書』の内容は、「宇宙論」「テレマの教え」「性魔術」の3部に集約されています。「テレマ」とは、本来はギリシャ語で意志という言葉を示します。『法の書』により、クロウリーの思想や魔術は「テレマ教」と呼ばれました。

　クロウリーの有名な思想に、「永劫（アイオン）」という概念が存在します。クロウリーは、この『法の書』をもって、新時代が幕を開けたと宣言しました。新時代とは、それから2千年間続く、「ホルスの永劫」のことです。

「アイオン」とは、元来はグノーシス用語であり、複数の意味を持っています。クロウリーの思想では、2千年間が1アイオンという単位になります。「ホルスの永劫」の前には「オシリスの永劫」が存在し、更にその前には、「イシスの永劫」が存在していました。「イシスの永劫」は、人類登場からキリスト登場までの期間を司る「女族長の時代」であり、次の「オシリスの永劫」は、キリスト教のような一神教を中心とした「父長の時代」であり、1904年から開始された「ホルスの永劫」は、人間自身が神と化すための宗教である「テレマ教」が世界を指導する、「両性具有の時代」であると述べています。

　クロウリーは、新しく始まった「ホルスの永劫」は、「人に試練をもたらす時代」であるとし、戦争が起こることを示唆しました。21世紀である現在は、

「ホルスの永劫」の開始から100年強ほど経過した段階ですが、確かにその期間を振り返ってみれば、戦争の時代であったといえるのではないでしょうか。

（2）クロウリーの生涯

ここまで、魔術師アレイスター・クロウリーの思想などについて記載しました。更にクロウリーの生き様や人間性を把握するために、クロウリーの生涯を、ざっと振り返ってみましょう。

1875年10月12日の夜半、クロウリーはイギリスのウォリックシャー州、ロイヤル・レミントン・スパに、長男として生まれました。父親はビール醸造業者で裕福な家庭であり、父母揃って保守的で厳しいキリスト教派である、プリマス・ブレスレン派の熱心な信者でした。

クロウリーは、父親の影響を強く受けて聡明な子供であり、4歳で『創世記』を読むことができたといいます。そして10歳の頃、プリマス・ブレスレン派の寄宿舎に放り込まれました。その宿舎の厳しさを通して、次第に反プリマス・ブレスレン派となっていきます。周囲にいる人達は、真のキリスト教徒であると自称するような熱心なプリマス・ブレスレン信者ばかりであり、クロウリーは次第にキリスト教を嫌悪するようになっていきました。

逝去した父親の巨額の遺産をクロウリーが相続したのは、ケンブリッジ大学に在学中の頃でした。そして詩人として世に出ようと、次々と自作の詩集を出版します。奇抜な服装で街を闊歩し、学寮中の注目の人物となっていました。

在学中の頃に、S・L・マグレガー・メイザース著『ヴェールを脱いだカバラ』を読み、難解な内容の中にも何かを感じ取り、魔術への関心を深めていきます。その後、神秘魔術の秘密結社「黄金の夜明け団」に関わる数人の化学者との運命的な出会いがあり、その流れで、23歳のときに「黄金の夜明け団」に入団します。そのときにクロウリーに与えられた魔法名は、「兄弟（フラター）ペルデュラボー」でした。

その後、血気盛んなクロウリーは、メイザースの手により上級団員認定儀式を受けるなど、短期間で団の上級会員へと駆け上りました。しかし、入団してから2年後の1900年には退団し、短い団生活を終えています。

　しかし、この2年間の「黄金の夜明け団」における活動は、その後の魔術師クロウリーにとって、大変重要なものとなりました。その後にクロウリーの手により生まれる「トート・タロット」は、「黄金の夜明け団」の教義を基盤として、制作されているのです。

　その後の1903年に、学友の姉のローズ・ケリーと結婚します。そして翌年1904年に、守護天使エイワスを通して、『法の書』を授かります。

　娘も授かりますが、1909年に離婚します。その後クロウリーは、1907年に創立した自己の魔術結社「銀の星団」、略してＡ∴Ａ∴を運営しつつ、様々な魔術実験をこなしていきます。1910年には、宗教団体である「東方聖堂騎士団」に接触し、英国支部の長に就任します。1920年にはシチリア島チェファルに「テレマ僧院」を設立し、閉鎖される1923年まで運営します。その後、1929年にマリー・テレサ・ド・ミラマールと再婚しますが、数年後には離婚してしまいます。

　こうした様々な体験を通して波乱万丈な人生を歩みつつも、休むことなく世界中を飛び回り、同時に膨大な量の執筆を、休むことなく続けました。まさに「怪物」という俗称に相応しい、バイタリティあふれる活躍振りであったといえるでしょう。

　1947年12月1日に、クロウリーは72歳で死去します。膨大な数の遺作の中で、クロウリーの後半生の基盤となったのは、守護天使エイワスから伝授された『法の書』でした。

　そして、我々現代人にとっては、1944年に出版された「トート・タロット」の解説書である『トートの書』も、クロウリーの特筆すべき遺作であるといえるでしょう。

（3）クロウリーの占い観

　クロウリーは日頃から、著書『法の書』を使い、ビブリオマンシーと呼ばれる書物占いを行うほど、生活の中に占いを取り入れていました。ビブリオマンシーとは、何かの疑問が浮かんだら、本を開いてアットランダムに文節を選び出し、それが疑問の答えとなる、という占い方法です。

　魔術と占いは、一線を画しているように見えます。しかしクロウリーは、著書『魔術─理論と実践』の中で、「占いは、真に重要な魔術の分野である」と記載し、魔術に関してだけではなく、自身の占い観に関しても詳しく言及しています。

　この頃の主要な占術には、土や砂を握って投げてその形の16パターンで占う、ジオマンシーと呼ばれる土占い、西洋占星術、タロット、易経が存在していました。クロウリーはその中でも、ジオマンシーを重視していたようです。しかし、僅か16通りの組み合わせで全ての回答を網羅しなければならないことに対して、「各組み合わせに課される役割は、過度なものとなる」と指摘しています。

　また、クロウリーは特に、ジオマンシーやタロットなどの偶然性を利用して占う卜術に関して、「占い師自身が気がついていなくても、占い師の内面もしくは外側に、発せられた質問に対して正確に返答できる『知霊』が存在している」という仮説を立てています。その「知霊」が、あらゆる回答を包括している占術という体系の中の、ある象徴を通して、占い師に回答を伝えるというのです。その占術の体系は、占い師と同様に「知霊」も理解することができる、言語という役割を果たす「共通語」であるといいます。

「知霊」とは、クロウリーの場合を例に挙げると、『法の書』を伝授した守護天使エイワスが、その中の一つでしょう。クロウリーのように守護天使の声を聞くことができなくても、占術の体系という「共通語」を通して、占い師は「知霊」からの質問の回答を知ることができる、ということを伝えているのです。

「占術の体系の中の各象徴が、一つの確定した観念を表す」という記述もあります。タロット占いでいえば、タロットの各カードが一つのキーワードを持つ、ということを示します。

そして、優れた「知霊」と交信するためには、細かい準備が必要であり、どのような情報でもすぐに得られる業、つまり占術を持っていると大いに役立つ、と記載しています。

占うために発した質問に対する「知霊」の回答は、直接的に聞くのではなく、占術の象徴という媒介を通して伝えられます。ですから占い師は、伝えられた象徴を解読しなければなりません。また、クロウリーは、タロット占い、土占い、易経と、占術別にそれぞれ違う「知霊」が対応しているとしています。

この「知霊」を現代風に解釈すれば、クロウリーが魔術で召喚したような神や天使ではなく、占い師もしくはクライアントを常に守っている、守護霊やハイヤーセルフに置き換えて考えることができます。そうした高次の存在が、占い師に回答を伝え、占いを支えているのです。

クロウリーは、「交信できる中でも最高の霊的な存在からの情報を得るということは、まさに占い師の特権である」と記載しながらも、「重大な問題以外の、身の回りの取るに足りないことを相談しないように」、もしくは「占いが堪能だからといって、決して不可能が可能になる訳ではない」など、「知霊」との交信にあたっての注意点も、書き並べています。

この頃の占いは、現在の占い鑑定に多く見られるカウンセリング的要素は薄く、どうやら当てもの的な要素が強かったように見受けられます。例えばクロウリーの著書『トートの書』の中に書かれた実占の方法には、クライアントに直接質問内容を尋ねるのではなく、占い師自身がタロット・デッキを複数の山に分けるなどの行為を通して、クライアントの質問内容を当てなければならない、という指示が記載されています。その質問内容が外れてしまったら、占いは中止しなければならないのです。

しかし、クロウリーは自身の体験から、占いは決して完全ではなく、「最高

の占い師であっても、占いを見事に当てる可能性は、ゴルフの選手権保持者がロングパットを決める確率とさほど変わらない」とし、「確かに外れることも多い」と認めています。占いという「科学」は現段階でまだ草創期であり、占いが的中する「根拠」は、今日ではまだ不明瞭であると記述した上で、それでも総合して見れば、十分立派な働きをしているとしています。また、占いを外すことを恐れ、膨らませすぎた風船のように、むやみに理論を拡張することは、過ちであるとも指摘しています。

　占いをするときに必要なのは、精密で強固な直観力であるとし、クロウリーは透視能力を高める訓練に、タロット・カードを使用しています。78枚のカードをよく切ってから1枚引き、そのカードの表を見ずに、何のカードであるかを言い当てるのです。それは非常に難しい訓練であり、「78回に1回当たればいい」としています。ズバリ当てられなくても、似通った意味を持つカードを当てれば、まずまずの結果であるとしていたようです。

　まだタロット占いの歴史が浅かった時代ですが、クロウリーが掲げる占い観は、現在でもほぼそのまま通用するのではないでしょうか。占いが的中する「根拠」は、現在においても不明瞭であり、きっと今後も不明瞭なままでしょう。それでも「十分立派な働きをしている」として、タロット占いが廃れることはないのです。

　クロウリーが記載している、「宇宙に存在するものは、全て何らかの形で他の全てに影響を及ぼしている」という思想は、ユングが説くシンクロニシティーと共通した観念であるといえるでしょう。占いで出たカードは、決して単なる偶然の産物ではなく、宇宙に存在する何かを反映しているのです。

(4) クロウリーとトート・タロット

　トート・タロットの制作は、その頃流通していたマルセイユ版タロットなど古典的なタロットを修正したデッキを仕上げることを目的として、クロウリーの仲間である画家のレディ・フリーダ・ハリスからの依頼をキッカケに、

1938年からスタートしました。当初はほんの数か月間という短期間で完成させる予定でしたが、象徴を多く込めた絵柄の作成には膨大な時間を要し、結果的には完成させるまでに、5年の歳月が流れました。ハリス自身が納得できる絵を描き上げるまでに、根気良く何度も修正を重ねたのです。

　そうやって素晴らしいタロット・デッキが完成し、1944年には、トート・タロットの解説書である『トートの書』が発表されます。しかし、第二次世界大戦の真っただ中でもあり、なかなかトート・タロットの出版にこぎつけることができませんでした。ようやく友人の手により出版されたのは、それからかなり先の、クロウリーもハリスも既に逝去していた1969年のことです。ハリスは1962年に逝去し、クロウリーは1947年逝去しています。出版されたのは、クロウリーの逝去から22年も後のことでした。

　トート・タロットは、クロウリーが2年間所属していた神秘魔術の秘密結社「黄金の夜明け団」の教義をベースに、作成されています。トート・タロットを作成するにあたり、クロウリーは「分かりにくくなったタロットの美術的、教義的な特徴を現代風にすることが、努力目標となってしまった」と記載しています。また、トート・タロットの絵柄と『トートの書』に書かれた内容は、僅かながらずれている点があります。例えば、トートの書には「11番の剛毅と8番の正義を入れ替えなければならない」と記載されていますが、実際にはカードの順番は入れ替わっていません。他に、『トートの書』に書かれている絵柄の象徴が、実際には描かれていない場合も、複数あるようです。これは、クロウリーと画家ハリスの意図に、ずれがあったためかもしれません。
『トートの書』は、「タヒュティの書」とも呼ばれるとしています。トート神はタヒュティ神とも呼ばれ、言葉や智慧、科学、魔術や幻想を司るエジプト神です。ローマ神話ではメルクリウス、ギリシャ神話ではヘルメスと同一視されています。タロットは本来、こうした神の書であるというのです。

　クロウリーは、「タロットは、カバラによる予測や予言を行うための手段として立案されたもの」と定義し、黄金の夜明け団の教義を基に、ヘブライの秘密

的哲学体系であるカバラとタロットとの関係を、非常に密接に考えていました。

　タロット・カードは、宇宙的な視点から、カバラの体系の図式化である「生命の樹」を説明しているとし、カバラの概念に基づいた、宇宙の象徴的絵柄であるという考えを強調していました。タロットとカバラの基礎は同じ「生命の樹」であるため、両者は一緒に論じても良いとしています。聖なるカバラは無数の象徴を持ち、何一つ欠けているものはなく、タロットの78の表象は、カバラによってバランス良く組み合わされているため、どういった要求にも適切に応えられるとしています。

　それ以外にも、「書物であるタロットは、水星の力を受けている。従って、特に思考を伝達する能力がある」とも説明し、また「易経はカバラの構造と同族である」として、易経とタロットの各カードとの関係についても言及しています。

　クロウリーにとって、タロットが人間に対して果たす役割は非常に大きく、有意義かつ有益なものであると考えていたようです。
「タロットは精神のための図式であり、できるだけ人生の早い時期に学ぶべきである」「毎日タロットを使い、絶えず学び続けなければならない」「タロットは全ての存在を正しく認識するための、精巧で優れた方法である」などと記載しています。

　他にも、「タロット・カードは生命を持つ個人であるから、長い時間をかけてカードの性質を観察しなければ、正しい回答を得ることはできない。経験を通してこそ、タロットが理解できるようになる。カードを働かせ、カードと共に生きなければならない」などと記載しています。また、「理想的な取り組み方は、瞑想である」とも書かれ、実占以上にカードを通した瞑想を重視していたことが読み取れます。

　こうした記載内容からも、魔術師クロウリーが、いかにタロットを神聖かつ人生上で必要な道具であると認識していたのかが、伝わってくるのではないかと思います。こうした価値観の上に、トート・タロットは誕生したのです。

# 2 カバラについて

(1) カバラとは

　カバラとは、ユダヤ教の伝統に基づいた神秘的哲学体系であり、西洋魔術の重要な源泉です。

　カバラの創始者は正確には不明であり、カバラを扱うカバリストの間では、楽園に住む神が創始したと信じられています。神はカバラの体系を築くと、それを選ばれた天使だけに授け、伝授された天使達はそれを大切に育て上げ、現在の形に完成させたといいます。

　そのカバラの知識は、天使からアダムに伝えられました。その後にエジプトにモーセが生まれ、モーセはカバラの秘密を知り、その習得に40年の歳月を費やしたといいます。その後、ユダヤ人によってまとめられた書物は、『光輝の書（セフェール・ハ・ゾハール）』と呼ばれ、カバラの重要な原典になりました。

　カバラの書物は主に、以下の四つが原典となります。族長アブラハムが書いたもので、カバラの宇宙論を述べている『形成の書（セフェール・イエツイラー）』、数多くの書物をまとめた『光輝の書（セフェール・ハ・ゾハール）』、神が否定的存在から、肯定的存在に進化する様子を描写している『放射の書（セフェール・セフィロト）』、ヘルメス学と錬金術について書かれているが、僅かな人にしか知られていない『純化の火（アシュ・メツアレフ）』です。

　カバラとは、宇宙の構造に関する伝統的な理論を図解したものです。物質や事象、思考、エネルギーなど、宇宙に存在する全ての物事を分類し、その関係性を整理し、表現する神秘体系です。最大の世界であるマクロコスモスは、最小の世界であるミクロコスモスと影響し合うとする万物照応と関係し、

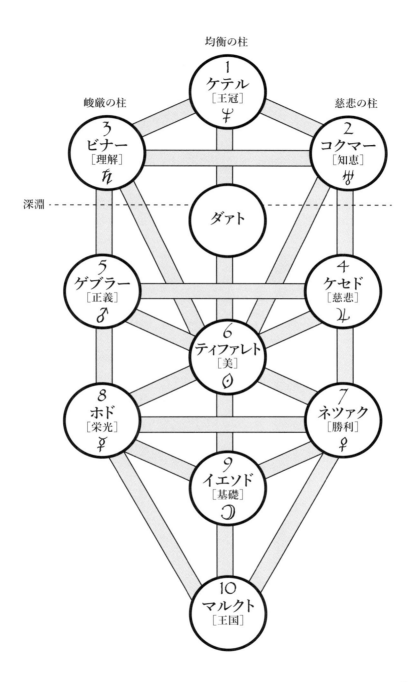

あらゆる概念はお互いに影響し合い、全体の構成をなすとしています。

　その重要な概念に、段階的な「無」が存在します。まずは、宇宙全体の最も外側の領域に、完全な無であり純粋な霊的真空である「アイン」が存在します。その「アイン」から、無限と呼ばれる「アイン・ソフ」が生み出され、「アイン・ソフ」からは、無限光と呼ばれる「アイン・ソフ・アウル」が生み出されます。それぞれが抽象的な状態であって、形を持たず空虚であり、実存的な概念ではありません。

　カバラの図象の一つに、数によって構成された、「生命の樹」が存在します。生命の樹には輝く10個の点があり、その一つ一つを「セフィラ」と呼びます。セフィラの複数形を、「セフィロト」と呼び、生命の樹は「セフィロトの樹」とも呼ばれます。

　各セフィラの名称や意味は、表の通りです。

「無」の中の最終段階である「アイン・ソフ・アウル」から、一番上にあるセフィラの「ケテル」が生み落されます。そして、「ケテル」から次の「コクマー」が生み落され、「コクマー」から「ビナー」が生み落され……と、これが最下段の「マルクト」まで続いていきます。

　上部にあるほど、神の世界に近いために精神性が高く、下がるに従い物質界に近くなり、生み落される度に、セフィラの輝きは薄れていきます。

1	ケテル	王冠
2	コクマー	知恵
3	ビナー	理解
4	ケセド	慈悲
5	ゲブラー	力、厳しさ
6	ティファレト	美、調和
7	ネツァク	勝利
8	ホド	光輝・栄光
9	イェソド	基礎、土台
10	マルクト	王国

1の「ケテル」は霊的本質であり、質や量を持ちません。

2の「コクマー」と3の「ビナー」は創造力と伝導力を表します。

4の「ケセド」から9の「イェソド」は、知性など人間の倫理的特性を司ります。

10の「マルクト」は、人間が住む物質界そのものを示します。

生命の樹を含めたカバラの世界は、基本的に四つのレベルに分けられます。四つの世界の説明は、以下の通りです。

1・アツィルト界	粗型世界、原型の世界。 神の力が最も純粋に顕現する世界。
2・ブリアー界	創造世界。 アツィルトよりも、光はいくらか輝きを失う。
3・イェツィラー界	形成世界。ブリアーよりも表現が限定され、 理知的イメージが生まれる。
4・アッシャー界	物質的世界、活動世界。アダムの堕落のときから、 人類が転落した世界。現実に知覚できる事象。

　四元素も合わせると、「ケテル」は、アツィルト界で火に対応、「コクマー」と「ビナー」は、ブリアー界で水に対応、「ケセド」から「イェソド」までは、イェツィラー界で風に対応、「マルクト」は、アッシャー界で地に対応するとされています。

　また、四つの世界がそれぞれ独自の生命の樹を持つと考えられています。「無」の最終段階である「アイン・ソフ・アウル」から生じる「ケテル」は、

最上の世界アツィルト界の「ケテル」であり、そこから次々とセフィラが生み落とされ、アツィルト界の生命の樹が完成します。そしてアツィルト界の「マルクト」から、その下の世界であるブリアー界の「ケテル」が生み落とされ、そこから更に次々とセフィラが生み出されて、ブリアー界の生命の樹が完成します。そのブリアー界の最後の「マルクト」から、更にその下の世界であるイェツィラー界の「ケテル」が生み落とされ…と、これが下位の世界であるアッシャー界の「マルクト」まで、続けて生み落とされるのです。

　ここでも序列は正確であり、アツィルト界から下の世界へと下がっていくに従い、セフィラが放つ輝きは薄れていきます。つまり、アツィルト界の「ケテル」が最も至純で輝いていて、アッシャー界の「マルクト」が一番輝きが薄れ、物質化しているのです。

　生命の樹が持つ3本の柱にも、それぞれ名称と意味があります。

　左の柱はボアズと呼ばれ、「正義」「峻厳」などの意味を持ちます。中央の柱は生命の樹を支え、「穏静」「均衡」という意味を持ちます。

　右の柱はヤキンと呼ばれ、「慈悲」という意味を持ちます。左の柱が持つ峻厳が強すぎると暴力的になり、右の柱が持つ慈悲が強すぎると力の欠陥と弱さを招くため、中央の柱に美徳が与えられています。

　また、クロウリーも重視するカバラの重要な概念に、「深淵」というものがあります。「ケテル」と「ビナー」を結んだ線の中間のやや下方に、隠されたセフィラとして、「ダァト」が存在しています。その「ダァト」がある高さが、理想と現実の境界線である「深淵」であるとしています。「コクマー」は父性を示し、「ビナー」は母性を示して、この両者はバランスが取れています。そのため男性と女性、能動と受容など相反する性質を持ち合せる観念はどれも、深淵より上方、つまり「ビナー」より上にあるのが望ましく、均衡を保っていない観念は、全て深淵の下方、つまり「ケセド」より下にあるというのです。

（2）カバラとトート・タロットの関係

ここまで見てきたように、クロウリーは「黄金の夜明け団」の教義に従い、タロットとカバラは切っても切れない非常に密接な関係であると捉えていました。当然ながら、自身が企画・制作したトート・タロットにも、カバラの要素をふんだんに取り込んでいます。

78枚のタロット・デッキは、一般的には大アルカナ22枚と小アルカナのコート・カード16枚、数札40枚に分けられます。トート・タロットでは、大アルカナのことを「アテュ」、数札のことを「スモール・カード」と読んでいます。

生命の樹の10個のセフィロトは、全部で22本の「パス」と呼ばれる径でつながっています。黄金の夜明け団の教義に沿い、一つの径（パス）に一つのアテュを対応させ、同時に一つずつのヘブライ文字も割り振っています。トート・タロットのアテュの絵柄の多くは、対応させているヘブライ文字が持つ意味を、強く反映させています。また、アテュは全て、セフィロトの中では「ケテル」と対応させています。

小アルカナは、「コート・カード」も「スモール・カード」も、10個のセフィロトに全て割り振り、対応させています。

トート・タロットの「コート・カード」は、4種類の各スートに「騎士」、「女王」、「王子」、「王女」の4種が存在し、全部で16枚あります。「騎士」は父親を示すことから、父性を示す「コクマー」に対応させ、「女王」は母親を示すことから、母性を示す「ビナー」に対応させています。そして両者の息子である「王子」は、「コクマー」と「ビナー」を結んだ「ティファレト」に対応させ、娘である王女は、「マルクト」に対応させています。

それと同時に、小アルカナの四つの各スートも、上記の四つのセフィロトに割り振っています。男性性の強い「棒」のカードは全て「コクマー」に、女性性の強い「杯」のカードは全て「ビナー」に、「剣」のカードは全て「ティファ

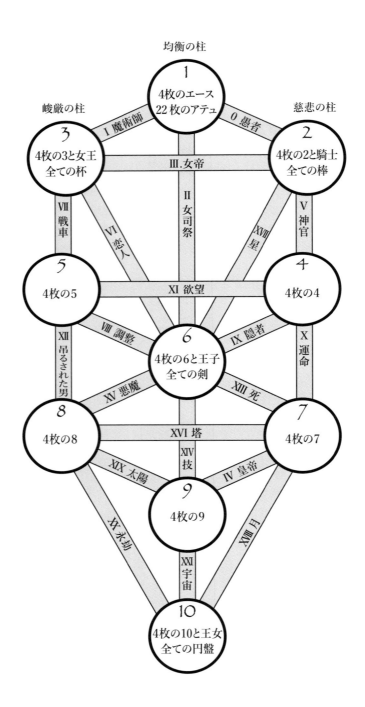

レト」に、物質性の強い「円盤」のカードは全て「マルクト」に当てはめています。

　それ以外には、「ケテル」には各スートの４枚の「エース」を、「コクマー」には各スートの４枚の「２」を、「ビナー」には４枚の「３」を、「ケセド」には４枚の「４」を……「マルクト」には４枚の「10」を、というように、それぞれの数字に合わせた「スモール・カード」を割り振っています。

　つまり、全ての「コート・カード」と「スモール・カード」は、どこかしらのセフィラに２回ずつ、当てはめられている形になっているのです。詳しくは、26ページの図をご覧ください。

　こうした組み合わせを通して、タロットの各カードが持つ意味は、対応させたセフィラの影響を色濃く受けています。特に「スモール・カード」はその影響が顕著です。例えば、生命の樹の中央に位置する「ティファレト」は、「ケテル」と「マルクト」の橋渡しをする役割も持ち、生命の樹全体の調和とバランスを保っています。そのため、各スートの「６」のカードは全て、調和に関係するポジティブな意味が与えられているのです。

3 西洋占星術とトート・タロット

（1）西洋占星術との関連性について

　やはり「黄金の夜明け団」の教義に従い、トート・タロットには、西洋占星術の要素もふんだんに盛り込まれています。

　22枚の「アテュ」にはそれぞれ、十二宮と7惑星と三元素のどれかを割り振っています。どのカードに何を割り当てているかは、各アテュの解説のページをご覧ください。また、小アルカナの「コート・カード」と「スモール・カード」にも占星術の要素を対応させていますが、「コート・カード」の4枚の「王女」だけは、何も対応させていません。「王女」は生命の樹の「マルクト」を司る、物質的要素の強い存在であるためと思われます。

　それ以外の「コート・カード」の「騎士」、「女王」、「王子」には、360度の十二宮を分割し、1枚のカードにつき、ある宮の21度から次の宮の20度までを割り振っています。一つの宮は30度であり、それを三等分した10度を「デーカン」と呼びますが、1枚のカードにある宮の第3デーカンから、次の宮の第2デーカンまでを割り振る形となっています。クロウリーは、各宮の最初のデーカンは非常に迅速で激烈であり、2番目は力強くバランスが取れ、3番目は浄化されていて儚さがあると説明しています。

　「エース」以外の「スモール・カード」には、それぞれどの宮のどの惑星が対応しているかということが、明確に定められています。

　「エース」は、各スートが持つ四元素の純粋な段階が示されているため、「棒エース」には火の元素、「杯エース」には水の元素、「剣エース」には風の元素、「円盤エース」には地の元素が、そのまま当てはめられています。

　それ以下のカードでは、各スートの「2」から「4」までが、そのスート

に対応する元素が持つ活動宮、「5」から「7」までが不動宮、「8」から「10」までが柔軟宮、という順番になっています。例えば「杯」は水の元素に対応し、水の元素の宮には活動宮の巨蟹宮、不動宮の天蠍宮、柔軟宮の双魚宮があります。ですから、「杯2」から「杯4」までは巨蟹宮、「杯5」から「杯7」までが天蠍宮、「杯8」から「杯10」までが双魚宮という対応になるのです。その上で、それぞれのカードに7惑星が一定の順序で割り当てられています。例えば「杯2」には、「巨蟹宮の金星」が当てはめられています。

　各惑星は入る宮により、その力を強めたり弱めたりしますが、それを惑星の格式と呼びます。格式の種類は、以下の4種です。

盛（dignity）　　惑星の美点を発揮する

敗（detriment）　惑星の欠点が発揮される

興（exaltation）　惑星の勢力が増大する

衰（fall）　　　　惑星の勢力が減退する

惑星	太陽	月	水星	金星	火星	木星	土星
盛	獅子宮	巨蟹宮	双児宮 処女宮	金牛宮 天秤宮	白羊宮 天蠍宮	人馬宮 双魚宮	磨羯宮 宝瓶宮
敗	宝瓶宮	磨羯宮	人馬宮	白羊宮 天蠍宮	金牛宮 天秤宮	双児宮 処女宮	巨蟹宮 獅子宮
興	白羊宮	金牛宮	処女宮	双魚宮	磨羯宮	巨蟹宮	天秤宮
衰	天秤宮	天蠍宮	双魚宮	処女宮	巨蟹宮	磨羯宮	白羊宮

巨蟹宮といえば、家族などの親密さのある関係を示し、金星は純粋な愛情を示します。西洋占星術をある程度知っている人であれば、格式の他に、こうしてそれぞれが持つ意味を組み合わせて判断すると、カードが持つ意味を把握しやすくなります。「2」から「10」までの「スモール・カード」には、宮と惑星のマークが描かれていますから、展開したカードを読み取る際の参考になるでしょう。

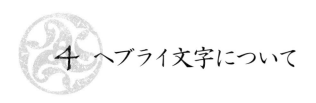

4 ヘブライ文字について

(1) ヘブライ文字との関連性について

　ヘブライ文字もカバラと同様、ユダヤ教神学では欠かせないものとなっています。「黄金の夜明け団」の教義にほぼ沿った形で、「アテュ」にはそれぞれ、1つのヘブライ文字が割り振られています。

　ヘブライ文字とは、紀元前の時代からメソポタミア全土で使用され、ペルシア帝国の公用語でもあったアラム文字をベースに、ユダヤ人が独自に発展させた文字です。ラテン文字と同じでフェニキア文字などをルーツとするため、ラテン文字と音価の順番も似通っています。例えばラテン文字のことを、α（アルファ）とβ（ベータ）を合わせてアルファベットと呼びますが、ヘブライ文字は、頭の「アレフ」と「ベート」を合わせ、アレフベートと呼ばれます。しかし、ラテン語や英語とは逆に、右から左へ書くことが特徴です。「アレフ」には「牛」、「ベート」には「家」と、各文字にそれぞれ固有の意味がつけられています。各文字の意味を知りたい場合は、各アテュのページをご参照ください。

　カバラを実行するカバリスト達が採用している、ヘブライ文字の特徴がいくつか存在します。

　四元素の中の火、水、風は、それぞれヘブライ文字の「シン」、「メム」、「アレフ」で表され、カバリストはそれらを三母子と呼びます。この三つの要素は経験を通して知るだけで形を持っていませんが、4番目の元素の地の中で、形として具現化すると考えられています。地の元素は、最後のヘブライ文字の「タウ」で表される場合もあります。

　上記のように、「シン」、「メム」、「アレフ」は3種の元素を表しますが、そ

れ以外の7個の複音文字の「ベート」、「ギメル」、「ダレス」、「カフ」、「ペー」、「レシュ」、「タウ」は七つの惑星を示します。そして残り12文字の、「ヘー」、「ヴァウ」、「ザイン」、「ケス」、「テト」、「ヨッド」、「ラメド」、「ヌン」、「サメク」、「アイン」、「ツァディ」、「コフ」は、十二宮を示すとされています。

　ヘブライ文字で、決して忘れてはいけないのは、神を示すテトラグラマトンと呼ばれる יהוה （ヘー、ヴァウ、ヘー、ヨッド）という語です。この4文字には「神は、割礼を天国への道に入ることができる儀礼として定めた」という秘密の意味があるとされています。一般的には「イェホヴァ」と読まれますが、本当の発音は、少人数にしか知らされていないといいます。それを正しく発音する者は、天と地を震わせるというのです。それほどこの言葉は神聖であり、力強いものであるとされてきました。

　ヘブライ文字の中で、特に י （ヨッド）は、注目すべき文字です。クロウリーは、「ヨッド」はテトラグラマトンの最初の文字であるとして、偉大なる父を象徴し、あらゆる生命の秘密の種子であると記述しています。そして「ヨッド」はアレフベートの基本であり、これを組み合わせることで、他の全ての文字が出来たと述べています。そのため、「ヨッド」が対応されるアテュの「隠者」のカードには、宇宙の卵であるオルフェウスの卵が描かれています。また、アテュの「月」のカードでは、9個の「ヨッド」の文字が雫のように舞い落ちる様子が描かれています。同時に、テトラグラマトンの最後の文字である「ヘー」は、偉大なる父とする「ヨッド」とは対照的に、偉大なる母に捧げられると述べています。

　このように、カバリスト達はヘブライ文字を神聖化し、独自の意味を編み出してきました。そしてそれは、タロットの世界にも取り入れられています。

5 錬金術について

(1) 錬金術との関連性について

　トート・タロットには、錬金術の要素も取り込まれています。クロウリーは著書の中で「大いなる業（わざ）」という言葉を頻出させていますが、それは錬金術用語であり、ある物質やエネルギーをその限界にまで持っていき、完成させることを意味しています。卑金属を貴金属に変成することが、その典型的な例となります。

　錬金術の全盛期は、紀元前３世紀頃から紀元後２世紀頃までであったといわれ、その中心地は、エジプトのアレキサンドリアでした。そのため、錬金術（アルケミー）という言葉は、「アル」（al）という冠詞に「エジプトに関するもの」という意味の「ケミー」（khemi）という形容詞がついたアラビア語になっています。大意を訳すと、「エジプトに関する事柄」という意味を持ちます。

　貴金属である金と銀にも、そして卑金属である鉛や錫（すず）にも、硫黄、水銀、塩の原質が含まれていることから、これらの三原質を変化させることで、卑金属を貴金属に変換できるのではないかという期待が持たれていました。

　化学者パラケルススによると、世界は四元素を３つに分けた、硫黄・水銀・塩からでも成り立つとしています。硫黄は燃える原質で、水銀は液体と気体の性質を持ち、塩が気化しない物体であり、燃えない性質を持つとされました。また、硫黄は霊魂に、水銀は精神に、塩は肉体にも対応するとしています。この頃の病気は全て、この三原質の不調和や分離が原因とされたといわれています。

　結果的には、卑金属を貴金属に変成させる決定的な方法は見つからなかったものの、錬金術による偉大なる発見には、アルコールの他、薬剤やチンキ

33

類が存在します。それらはその後の人類を支える、大きな功績となりました。

　その後の錬金術は、中世のカバリストによって魔術と結びつき、別の形へと受け継がれていきました。魔術においても、実在する事象は全て、硫黄、水銀、塩からなると考えました。

　クロウリーは、錬金術は不浄で無価値で無力である死んだものを、貴重で活発で奇術的な生けるものに変成する、と述べています。そして硫黄は活動、精力、欲望であり、水銀は流動性、知能、伝導力であり、塩は前二者の伝達手段で、両者に影響を与える性質を持つものとし、やはりこの三原質を重視しています。トート・タロットの絵柄では、アテュの「技」のカードで錬金術を行う様子が描かれています。また、「皇帝」では皇帝の身体が硫黄の記号を形成し、「女帝」では、女帝の身体が塩の記号を形成しています。

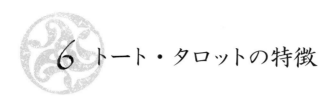

6 トート・タロットの特徴

(1) 図像に記された意味

　ここまで見てきたように、1940年代にアレイスター・クロウリーと画家レディ・フリーダ・ハリスの手によって生まれたトート・タロットには、カバラ、西洋占星術、ヘブライ文字、錬金術と、様々な神秘的象徴の要素がふんだんに込められています。トート・タロットが他のタロット・デッキに比べても強烈な神秘性を放っているのは、そうした制作努力の賜物であるといえるでしょう。

　一例を挙げれば、各アテュに割り振ったヘブライ文字が持つ意味を、カードの絵柄内に、目立つように配置しています。例えば、「恋人」には剣という意味を持つザインが割り振られており、このカードの絵柄の周囲には、高くそびえ立つ剣のアーチが描かれています。それだけヘブライ文字の力を、重視しているのでしょう。

　また、西洋占星術の項目でも記載しましたが、「エース」を除いたスモール・カードに、宮と惑星の記号が描かれているのも特徴的です。西洋占星術をある程度習得していれば、この二つの記号から、大まかなカードの意味を判断することも可能です。

　コート・カードにも、個性があります。コート・カードは一般的なタロット・デッキにおいては、「王」(キング)、「女王」(クイーン)、「騎士」(ナイト)、「小姓」(ペイジ)ですが、トート・タロットでは「騎士」(ナイト)、「女王」(クイーン)、「王子」(プリンス)、「王女」(プリンセス)の構成となっています。このことについてクロウリーは、「父性は馬に乗ったものとして表現されるため、騎士にした方が現代版として上手く当てはまる」と説明しています。また、それ

それに父性、母性、息子、娘という役割が与えられます。王子と王女は、共に騎士と女王の間に生まれた子供であるか、もしくは王子だけが子供で、王女がその妻になる女性であるとされています。

「黄金の夜明け団」の教義に従い、コート・カードに四元素を対応させています。4枚の「騎士」には火を、4枚の「女王」には水を、4枚の「王子」には風を、4枚の「王女」には地を当てはめています。その上で、各スートにも四元素が与えられていますから、この両者を組み合わせます。すると、「棒の騎士」が火の火となり、「剣の女王」が風の水となり、「円盤の王子」が地の風となり、「杯の王女」が水の地となるのです。

それ以外にも、エリファス・レヴィによる古典的なタロットでは、20番の「審判」と21番の「世界」の間に0番の「愚者」が入れられていましたが、それを頭に持ってくるという変更も行っています。

トート・タロットを使って占う際には、人気のあるライダー版などとは違い、基本的には逆位置を採用せず、展開されたカードを全て正位置とみなして判断します。正逆を使わない分、全体的な流れを通して、出たカードがポジティブな傾向を示すのか、ネガティブな傾向を示すのかを読み取ります。

ライダー版などで逆位置の採用に慣れている方は読み取りが難しいかと思いますが、正位置にポジティブな面とネガティブな面の全てが内包されていると捉え、どちらがより強く引き出されるのかを読み取る訓練を重ねてみるといいでしょう。

II

トート・タロットカード解説

1 アテュ

（1）アテュとは

　一般的なタロット・デッキは、大アルカナと呼ばれる 22 枚のカードと、小アルカナと呼ばれる 56 枚のカードを組み合わせた 78 枚のカードが、ワンセットになっています。本書で扱うトート・タロットも、その例外ではありません。クロウリーはトート・タロットにおいて、一般的には大アルカナと呼ばれる 22 枚を、「アテュ」と命名しました。

　「アテュ」とは、古代エジプト語で館、小室、区の意味を示し、神秘学では「鍵」という意味を持っています。クロウリーは、鍵は行動への指針であり、天国の地図を与えてくれるものとして捉えました。神秘家のエリファス・レヴィなどの主張を基に、カバラの径 (パス) が 22 本であることから、22 枚の大アルカナを、その径 (パス) の 22 個の「鍵」として対応させています。そのため、他のタロット・デッキでは一般的に「大アルカナ」と呼ばれる 22 枚のカードを、トート・タロットでは「アテュ」と呼ぶのです。

　大アルカナ（アテュ）と小アルカナは、それぞれの歴史において違う軌跡をたどってきました。その中でも小アルカナは、ゲーム用のプレイング・カードであったトランプが前身であるといわれています。大アルカナは、後からゲームの切り札として、それに加えられたものです。タロットが神秘主義に取り入れられる 19 世紀までは、タロットは「トリック・テイキング」と呼ばれるタイプのゲームに使用されていました。

　トランプが前身である小アルカナに比べて、大アルカナ（アテュ）の絵柄には様々な象徴図が盛り込まれ、重厚感のある絵柄になっています。そのため、小アルカナよりも数倍もの強力なパワーを携えているといえるのです。

有名なライダー版タロットの制作者であるアーサー・エドワード・ウェイトは、著書の中で「大アルカナの1枚1枚について熟考されることをおすすめする」としながらも、小アルカナについては、「小アルカナと通常のプレイングカードの間には本質的な違いはない」、「小アルカナは占いの意味より高度な暗示は持たない」と明言しています。それだけ、大アルカナ（アテュ）と小アルカナの存在意義には、大きな差があるといえるのです。

　実占の現場では、22枚の大アルカナ（アテュ）だけで占っても、読み取りが簡単であり、正確な鑑定結果を得られます。しかし全てのカードが強力なパワーを持っている分、並んだカードの強弱やメリハリ感が失われ、全体的に大雑把な読み取りになりがちです。「イエスかノーを知りたい」、「一年間の運勢をざっくりと知りたい」という質問内容であれば、トート・タロットのアテュだけで占っても問題はないでしょう。しかし、具体的で詳細な結果を知るためには、小アルカナを含めたフル・デッキで占うことをお勧めします。

　また、トート・タロットは逆位置を採用しないタロット・デッキですが、アテュはパワーが強いため、「アテュが逆位置で出ると、ネガティブな意味が強調されている」と判断して、読み取るようにしてみてもいいでしょう。

　本書では、占いにおける各カードの読み取りを例として、全体運、恋愛運、仕事運、対人運、金運別に、いくつかの詳細な読み取り例を挙げています。しかしこれらは、あくまでも「このように読めますよ」という例が並んでいるに過ぎません。カードの読み取りで最も重要なのは、「キーワード」になります。絵柄が持つ世界とキーワードを重視し、ご自分で意味を広げていくように心がけましょう。

　まずは様々な象徴を盛り込んだアテュを、1枚1枚じっくりと眺め、その奥深さを堪能してみてください。

（2）アテュ・各カードの解説

0 愚者
THE FOOL

キーワード Keyword

子供のように無邪気な思考と行動

ヘブライ文字 Hebrew alphabet

א（アレフ）意味：雄牛

占星術 Astrology

風の元素

※ **象徴の解説**

　雄牛を意味し、風の元素と関係するヘブライ文字の「アレフ」に対応しています。番号がゼロであり、カバラにおいては、生命の樹より上に位置する万物の根源である、無の領域を司ります。アインからアイン・ソフ・アウルにかけての領域です。「フール」の語源は、風の袋を示す「フォリス」であり、占星術でも風の元素が対応し、空気と関連づけられています。

　「愚者」のカードには、非常に多くの象徴が描かれています。風の黄金色に輝く身体を持つ愚者は、ギリシャ神話の豊穣と葡萄酒と酩酊の神・ディオニュ

ソスであり、ローマ神話のバッカスと同一神です。頭に生えた2本の角の間には、白い光の男根が輝いています。この白い光は、生命の樹のケテルから、愚者に注がれる力を示しています。全身の衣服が緑色なのは、春に草木を芽吹かせる神秘的な力を人格化した、葉で覆われた「グリーン・マン」を模倣しているためです。

彼が右手に持つのは、先端に白い角錐がついた神の棒です。左手には、植物の成長を示す松かさを持っていますが、それは勢い良く燃えています。左肩からは、豊穣と優しさの基盤を象徴する紫色の葡萄が垂れ下がり、その葡萄の虹色の茎が非常に長く伸びて、宇宙のエネルギー形態を示す螺旋形を形成し、愚者の周りを取り巻いています。

この螺旋形に、神と関係する様々なものが関わっています。マウトの禿鷲、ローマ神話のヴィーナスまたはイシスの鳩、神聖な蔦の葉、そよ風に舞う蝶、翼のついた球体に双子の蛇が絡んでカドケウスの杖の状態になったものの6種です。下方に薄らと黄色の双子の幼児が描かれていますが、これらの神に関する象徴は、この双子によって強められています。その双子の幼児の上には、1にして3なる祝福の花が垂れ下がっています。

マルセイユ版やライダー版の「愚者」では、足元に犬が描かれていますが、エリファス・レヴィが遺した「愚者」のイメージを踏襲してか、ここでは虎が愚者の足にじゃれつき、嚙みついています。この虎は常に彼につき従っており、彼は気にする素振りもありません。伝統的な「愚者」のカードには、鰐が書かれていることが多く、ここでも足元に鰐が描かれています。この鰐には、ナイルの鰐が神格化されたとする、古代エジプトの鰐の神セベクが関連づけられています。

カードの中央で輝く小さな太陽は、小宇宙の中心であり、このカードの絵柄全体が、光による絵文字であることを示すとしています。カードの背景には、宇宙の夜明けの様子が描かれています。愚者は、そこから飛び出してきたのでしょう。

☀ 占い上の意味

　愚者の緑色の着衣の根源である「グリーン・マン」は、無責任、気紛れ、空想、現実離れなどの考えと関わりがあります。また、酒神バッカスは二重の性質を持ち、無我夢中になる性質があるとされています。

　周りには、子供のおもちゃのように様々なものが取り巻き、足に噛みつく虎にも無関心で、目を見開き正面を見つめている愚者は、ほとんど思考が停止している状態です。彼はただ今の瞬間にいて、物事が自然に起こり、流れていくのに任せています。何かの計画を立てることもなく、周りで起こっていることに対して、完全に心を開き、無垢な状態でいます。批判をすることも、状況を捻じ曲げようとすることもありません。過去や未来のことも考えませんから、自分が進んでいる方向は分からなくても、全く不安はありません。人目を気にすることなく、そして計画することなく、自発的に生きているのです。

　このように、「愚者」のカードは過去や未来を考えることなく、ただ今の状況や自分の感情に身を任せて行動する状態を示しています。後先のことを全く考慮せずに、思いつきや気分で行動を起こし、上手く事を運ぼうとする計画性や創意工夫がありません。ですから周囲から見れば、愚行や奇行であったり、間が抜けた子供の行動であったりするでしょう。まさに名の通り「愚か者」を示すのです。しかしそれは、危険を冒す勇気や大胆さがあることであり、真に自由な状態であるといえるのでしょう。

❋ 各意味の読み取り例

全体運

ポジティブ
子供のように無邪気で純真な精神状態。
過去や未来を考えず、今だけを注視する。
失敗を恐れず思いつきで大胆な行動を起こす。

ネガティブ
思考能力に欠け、するべきことが分からない。
良い未来や利益につながらない、無駄な行動。

恋愛運

ポジティブ
自分の愛情や感情を、素直に相手にぶつける。
今の自分の感情に正直になって行動する。
ありのままの相手をオープンに受け入れる。

ネガティブ
相手の心を読めず、自分の感情を押しつける。
独りよがりで恋愛をしている可能性がある。

仕事運

ポジティブ
前例を気にせず、思い切った起業ができる。
独創的な才能を活かし、フリー業で成功する。
大胆な方向転換や新規事業で、成功をつかむ。

ネガティブ
周囲の動きに無頓着で、職場で浮きやすい。
思いつきで次々と職を変える、不安定な状態。

対人運

ポジティブ
ユーモアと無邪気さで人を楽しませられる。
自分の内面を包み隠さず周りに表現する。

ネガティブ
周りを無視した行動で、浮いた存在になる。

金運

ポジティブ
お金の心配をしない自由な生活を送る。
意識しなくても、自然と金回りが良くなる。

ネガティブ
思いつくまま、お金を湯水のように使う。

I 魔術師
The Magus

キーワード Keyword

巧みな技量による
創造的な力

ヘブライ文字 Hebrew alphabet

ב（ベート）意味：家

占星術 Astrology

風の元素

✲ 象徴の解説

「メイガス」は、「マジシャン」を表す別の言葉です。このカードは家という意味を持つ、ヘブライ文字のベートに対応し、西洋占星術では、聡明さや俊敏さを表す水星に配属されています。そのためこのカードは、知恵、意志、言葉、宇宙の根源となるロゴスなどを意味するとされています。

　カードの中央に置かれた長いカドゥケウスの杖の前に浮かぶ魔術師は、ローマ神話のメルクリウスであり、ギリシャ神話のヘルメスです。クロウリーは、このデッキのタイトルでもあるトート神は、エジプト型のメルクリウスで

あると述べ、この魔術師の存在感の強さを強調しています。実際にギリシャ人は、ヘルメスとトートを同一化し、「ヘルメス・トート」と呼んでいました。

　カドゥケウスの杖に絡んだ２匹の蛇は、同時に魔術師の頭飾りの役割も果たし、それは「円盤の２」に登場するのと同じく、縦になった無限大の記号を形作っています。足に履いている黄金のサンダルからは、力強い大きな翼が生え、それによって彼は自由自在に飛び回ることができるのです。

　周囲には黄金に輝く様々な道具が浮かび、魔術師は余裕を持った表情で、それらを両手で上手に操っています。その中で注目すべきなのは、小アルカナの４種のスートの象徴である、棒、杯、剣、円盤が、揃って浮かんでいることです。翼がついた卵は５番目の元素であり、四元素を統合する空間全体を司ります。また、この魔術師は神々の使者でもあり、頭上に浮かぶ尖筆とパピルスを使い、神の意志と働きを象形文字で記録しています。

　魔術師が右手に取って掲げて見つめる杖には、トキの頭がついています。トキはヘルメスの聖鳥であると同時に、ずっと一本足で動かずに立っていると考えられることから、「集中」の象徴であるともされています。

　足元に潜み、魔術師に向かって拳を挙げているのは、インド神話の猿神であるハヌマンです。クロウリーは、ハヌマンは甚だしく下等であり、神の言葉を歪めて伝える者であるとしています。神の言葉を冒涜し、ときには神の言葉を真似て、人を欺くというのです。

　水星が持つ二重性により、本来メルクリウス自身も、真実と虚偽という二重性を持っています。特に若いメルクリウスは悪賢さが目立ち、創造的であるが故に、善悪の観念に欠けているのです。メルクリウスが持つ豊かな知識と機敏で的確な動きは、商人や交通などの神として、神々や人間にとって大いに役立ちます。しかしその反面、狡猾さが強調されることにより、詐欺師や搾取、盗みなど、不正手段を使ってでも目的を達成する様へと、いとも簡単に変貌を遂げるのです。

　クロウリーは、この絵で全てを表現することが難しいため、「この絵は、備

忘録程度のものでしかない」と記載しています。また「魔術師」は、次のカードの「女司祭」に対応する男性であるとしています。

※ 占い上の意味

　このカードは、0番の「愚者」が示す無の状態からの、創造に必要な最初の一歩を示します。大多数の占いの意味は、ローマ神話のメルクリウス、ギリシャ神話のヘルメスが持つ性質から、引き出すことができるでしょう。

　魔術師が空中に浮かんだ五つの元素を両手で軽々と操っていることから、豊かな智慧、器用さ、融通性の高さ、技巧、技量などのポジティブな意味が創出されます。自信に満ちた表情でもあることから、全能にして全知であり、彼にとって不可能はなく、どれほど入り組んだ思考や技量が必要な物事であっても、巧みに成し遂げることができるでしょう。たった独りで全ての元素を操れるため、彼にとって周囲の援助は全く無用なのです。自由に創造し、独自の力で何かを開始して進められる状態です。言葉も自在に操れるため、通信力やコミュニケーション力にも長けています。ときには、超自然的な智慧や能力を示す場合もあります。

　しかし、足元に潜む猿の神ハヌマンの妨害を受けると、ネガティブな意味へと傾きます。魔術師の視野は狭まり、神々や人々のためではなく、利己的な目的のために、智慧や技巧を使うことになります。抜け目がなくなり、人を欺いたり窃盗などで搾取したりするために、彼の知能や俊敏な動きはフル回転するのです。そのときの彼の表情は、蔑視や自己満足によりほくそ笑まれるでしょう。また、知識や情報の妨害を示す場合もあります。

※ 各意味の読み取り例

全体運

ポジティブ
周囲に頼らない、自力による創造や行動。
頭脳と俊敏な行動力を活かし、達成させる。
無の状態から、全く新しい物事を創出する。

ネガティブ
利己的な目的達成のために、知識を利用する。
自己満足や自信過剰に陥っている状態。

恋愛運

ポジティブ
能力や魅力に自信を持ち、異性に接近できる。
創意工夫を凝らし、異性を巧みにリードする。
知的能力と積極性が、異性を惹きつける鍵。

ネガティブ
策に溺れて、素直な恋愛感情を持てない状態。
言葉巧みに異性に接する、信用できない人物。

仕事運

ポジティブ
高い能力と巧みな計画性による、独立の成功。
独創性を発揮して、意欲的に仕事に取り組む。
講演や執筆業など言葉を使う職種で成功する。

ネガティブ
ズルや手抜きで、自分だけ楽をしようとする。
才能を上手く発揮できず、結果を出せない。

対人運

ポジティブ
巧みな話術と豊富な話題で、人を楽しませる。
人と関わらず単独でも、物事が順調に進む。

ネガティブ
利己的な目的達成のために、人を利用する。

金運

ポジティブ
才能や知識を活かすことで、収益を得る。
巧みな投機が成功し、手元のお金が増える。

ネガティブ
創意工夫がなく、低迷が続く金銭状態。

II 女司祭
THE PRIESTESS

キーワード Keyword

高次のエネルギーによる直感力

ヘブライ文字 Hebrew alphabet

ג（ギメル）意味：駱駝

占星術 Astrology

月

※ 象徴の解説

　ヘブライ文字では、駱駝という意味を持つギメルに対応し、西洋占星術では一般的に女性の象徴である、月に配属されています。「女司祭」とも「女教皇」とも訳されるカードです。実際には女性がローマ教皇になったことはありませんが、古典的なこのカードは、9世紀に女性であることを隠して教皇に就任したという、伝説の人物である「ジョーン教皇」と呼ばれるようになりました。それが更に俗化して女教皇になったと、クロウリーは記述しています。

　裸体に光を発する薄いベールだけを身につけ、空に向かって三日月の形に

両手を広げているのは、エジプト神話の永遠の処女神イシスです。イシスは、ギリシャ神話の狩猟と月の女神アルテミスに相当します。彼女が身につけているベールは、精神を顕現させる役割を持つと同時に、秘密的知識を覆い隠すことができるものでもあり、辺り一面に類まれなる眩い輝きを放っています。彼女は光そのものであり、光の魂であるといえるのです。

両膝に乗せているのは、アルテミスの弓です。狩猟の女神であるアルテミスはそれを武器に狩りを行いますが、その弓は楽器の役割も果たします。弦をつま弾いて美しい音色で獲物を魅了し、その間に狩りをするのです。「女司祭」のカードは、生命の樹の中で、ケテルとティファレトを結ぶ径(パス)に対応しています。これは３本の柱の中の、均衡を示す中央の柱にあるため、バランスが取れ、正しく調和しているといえます。そのため、最も純粋で高度な月であり、物質世界から離れた最も精神的な姿であるといえるのです。

処女神は、潜在的には豊穣の女神という一面を持っています。それを象徴するかのように、カードの下方は果物や花で埋め尽くされ、豊かな様子が描かれています。その中には、松かさのような種子の他、透明感を持ついくつかの結晶が含まれています。それらは全て、生命の始まりを象徴するのです。中央にいる駱駝はヘブライ文字のギメルの象意ですが、遊牧民達は駱駝を神の贈り物とし、豊かさと安心の象徴として、大切に育ててきました。

ヘブライ文字の連続する三文字である、「ギメル」、「ダレス」、「ヘー」は、それぞれ「女司祭」、「女帝」、「星」に対応し、この３枚で、三位一体の女神を構成しています。それに対し、三つの父性はヘブライ文字の「ヴァウ」、「ツダイ」、「ヨッド」であり、それぞれ「皇帝」、「神官」、「隠者」に対応しています。

※ 占い上の意味

ライダー版など一般的なタロット・デッキでは、このカードは知識や理性を中心とした、知的で合理的な思考という意味が強調されています。しかし、トート・タロットに描かれたイシスもしくはアルテミスが、非常に眩い光を

放っていることから、それよりもひときわ崇高で純粋な精神的エネルギーを象徴しています。

　女性性を示す月も対応されていることから、女性特有の精神性を表すことが強調されています。しかしそれは、次のカードの「女帝」のような、肉体と生存本能を持つ上での女性性ではありません。肉体や動物的本能という物質的な要素からは完全に離れ、肉体をすっかり脱ぎ捨てて神の領域に入ったような、完全な精神性を示すのです。そこには物質欲や自己顕示欲といった低俗な精神の介入はなく、純化された陰のエネルギーという精神的特性を持ち、智慧や高貴な思考に満たされています。

　純粋で高められた精神性の中でも、特にテレパシーや直感力などのサイキックな能力を意味しています。そうした能力は、それを正しく使用する者だけに授けられます。また、月が陽光を反射させて輝くように、豊かな感受性や、受け取る能力も示しています。

　ネガティブな意味合いで出ると、その繊細で豊かな感受性を持つが故に、過敏な状態になることが懸念されます。些細なことで動揺して精神をすり減らし、刺々しく険のある言動を取りやすくなるのです。内面に意識が向き、細部にこだわるために視野が狭くなり、温かみを失いやすいことも暗示します。

✳ 各意味の読み取り例

全体運

ポジティブ
高次の存在からの神託やエネルギーを得る。
豊かな直感力を活かし、物事が順調に進む。
智慧や知識が支えとなり、感情を調整できる。

ネガティブ
知識や自己過信に偏り、人間的温かみがない。
サイキック能力に依存し、現実を軽視する。

恋愛運

ポジティブ
恋愛感情に溺れず、理性と知恵で対応する。
相手の感情を受け止め、そのまま与え返す。
肉体的な愛より、精神的な愛を重視する。

ネガティブ
視野が狭く愛情に欠け、異性を批判しがち。
性的に潔癖症で、恋愛に心を開けない状態。

仕事運

ポジティブ
的確な直観力と判断力で、間違いなく進める。
仕事を通して、人々の精神波動を高められる。
話す仕事や執筆する仕事で、良い結果を出す。

ネガティブ
独り善がりの判断や思考で、結果を出せない。
細部にこだわりすぎ、大局を見失いがち。

対人運

ポジティブ
精神波動を高める話題を、人々に提供できる。
直観力や霊感が、人間関係の構築に役立つ。

ネガティブ
理性を重視し、他人の感情に無頓着になる。

金運

ポジティブ
精神的に豊かなため、金銭に無欲な状態。
高い精神波動と正しい生活が豊かさを招く。

ネガティブ
金銭への無関心さが、無駄な散財を招く。

Ⅲ 女帝
THE EMPRESS

キーワード Keyword

母親のような深い慈愛心

ヘブライ文字 Hebrew alphabet

ד（ダレス）意味：扉

占星術 Astrology

金星

※ 象徴の解説

　ヘブライ文字では扉という意味を持つダレスに対応し、関連する惑星は、愛と美を示す金星です。ヘブライ文字の表意として、このカードの上方にはアーチ形の扉がありますが、それは天国への門を示します。

　豊かな母性を持つこのカードは、強い父性を持つ次のカードの「皇帝」と、表面的に対をなしています。2枚のカードを並べると、お互いに横を向いて見つめ合っていることが分かるでしょう。カバラの生命の樹では、「女帝」は「コクマー」と「ビナー」、つまり父と母を結ぶ径（パス）に対応しています。一

般的には、「女帝」と「皇帝」は夫婦であると見なされますが、トート・タロットにおいては、父親の役割を4枚の「騎士」が、母親の役割を4枚の「女王」が担っています。「女帝」が母性を、「皇帝」が父性を示すことは確実ですが、この2枚のカードは単なる夫婦以上の、更なる広汎な意味を持っているのです。

　女帝は王冠と礼服を身に着け、女性らしい丸い身体で、ゆったりと王座に座っています。王座の背もたれの部分は、青い炎のゆらめきでできています。右手には、女性性のパワーと知恵を象徴する、イシスの蓮を持っています。蓮は女性性である「ヨーニ」の象徴であり、男性性の「リンガム」と対比し、受動を示します。蓮の根は、地中にも存在しています。

　高い精神的な資質を、低い物質的なものと結びつける女帝に相応しい象徴は、錬金術の塩であるとし、彼女の腕と胴体を使い、錬金術の塩の記号を形作っています。錬金術の三原質である硫黄、水銀、塩の中で、塩は気化せず燃えない性質を持ち、硫黄からエネルギーを受け、宇宙の回転の均衡を保つ働きがあるとしています。

　王座の背もたれには、彼女の聖鳥の雀と鳩がとまっています。礼服の肩には蜜蜂がとまり、ドミノ仮装衣には螺旋状の線が描かれ、宇宙エネルギーの動きを示しています。また、腰回りの帯には、黄道十二宮の記号が取り巻かれています。そして彼女の両脇で回転する二つの月は、均衡を取るために対立する力を示します。

　足元に置かれた女帝の紋章には、錬金術師の双頭の白鷲が描かれています。これは、「皇帝」の赤鷲に対応します。白鷲は女性性の月のエネルギーを持ち、赤鷲は男性性を示す太陽のエネルギーを持つのです。左下で子供を抱くペリカンは、自分の胸の血を餌として雛に与え、献身的な愛情を示しています。奥に描かれた「秘密の薔薇」を礼拝するかのように、床に敷かれた絨毯には、虹の神や聖母マリアの象徴のアイリスの花と、水の元素を示す魚の刺繍が施され、愛を強調しているかのようです。

クロウリーは、「女帝」のカードは表象されたものが単純で純粋であり、全ての象徴は同種で矛盾がない、と記述しています。「女帝」には、宇宙の基本が愛であるという教理が秘められているのです。しかし、彼女は絶えず姿を変えて生まれ変わるため、象徴の意味を要約するのは不可能であるとも指摘しています。

☀ 占い上の意味

　クロウリーは「女帝」のカードに関して、他のカードとは異なり、細部にこだわらず、全体像をつかまなければならないと記述しています。

　「女帝」のカードを全体的に見渡すと、腕と胴体で円形の塩の記号を形作っていることも含め、優しく緩やかな曲線が多いことに気がつくでしょう。それと同時に、このカードには、女性性と母性の象徴をふんだんに盛り込んでいます。それは瑞々しく咲いた蓮の花であり、聖なる花のアイリスであり、月のエネルギーを象徴する白鷺であり、多くの子供を育てるペリカンです。対立する力を示す二つの月でさえも、回転しながら穏やかにエネルギーが触れ合い、調整をはかっています。四方を穏やかな聖なる鳥で囲うこのカードは、ひと言でいえば「優美さ」を醸し出しているといえます。クロウリーは、「これは宇宙の調和である」と記述しています。

　そうしたことから、このカードには、女性性の愛に関することが、全て内包されています。母親のように世話をするなどの母性愛全般、無条件の愛、共感、同情、温かい気遣いなどです。優雅さや高尚の他、楽しみや成功、完成など、多くの幸福も意味します。精神のみではなく物質面でも満たされ、何一つ不自由がない状態です。また、このカードが最高の形になると、慈悲を表します。人間にとっての最高の愛の形は、慈悲であるといえるためです。

　ネガティブな意味が強調されると、怠惰や浪費、放蕩など、贅沢であるが故に我がままになる傾向を示します。満たされた状態における、陰の部分が表出するのです。

❋ 各意味の読み取り例

全体運

ポジティブ
深い満足感からくる幸福感や周囲への慈愛心。
母親のように深い愛情を注ぎ、世話をする。
心身の健康からくる美しさや女性らしさ。

ネガティブ
自己愛が強すぎて、怠惰や我がままになる。
感覚が大雑把になり、時間やお金を浪費する。

恋愛運

ポジティブ
異性に真の愛情を持ち、心から尽くす。
自分を犠牲にしてでも、愛する人を守る精神。
結婚へと進む、簡単に崩れない確固たる愛情。

ネガティブ
相手からの愛を求め、我がままに振る舞う。
欲深くなり、些細なことで激しく嫉妬する。

仕事運

ポジティブ
心からやり甲斐を感じる、楽しい仕事。
周囲とも調和し、大勢に幸福感を与える仕事。
保育士や調理師など、母親業と関連する職種。

ネガティブ
怠ける割に、報酬など自分の利益にこだわる。
思い通りに進まず、職場で感情的に振る舞う。

対人運

ポジティブ
周りに優しさと愛情を与え、潤滑に進む関係。
魅力が高いため、多くの人達から愛される。

ネガティブ
周囲を従わせようと、女王様のように振る舞う。

金運

ポジティブ
才能を発揮することで、経済的に豊かになる。
立派な住居や資金に恵まれた満たされた生活。

ネガティブ
先を考えず、贅沢のためにお金を使う。

IV 皇帝
The Emperor

キーワード Keyword

任務を全うする強い責任感

ヘブライ文字 Hebrew alphabet

צ（ツァダイ）意味：釣り針

占星術 Astrology

白羊宮

※ 象徴の解説

　釣り針という意味を持つヘブライ文字のツァダイに対応し、西洋占星術では、太陽が興になる白羊宮に配属されています。太陽は男性性を持つと同時に社会的権威を示し、白羊宮の支配星である火星も、強力な男性エネルギーを象徴します。女性性を示す月と金星のエネルギーを持つ「女帝」とは、まさに陰陽逆転した性質を携えています。「女帝」の解説でも述べたように、カードを並べるとお互いに見つめ合う、父性と母性という対の存在です。

　黄金の王冠を頂き礼服をまとい、王笏を持って王座に腰かけている皇帝。

この「皇帝」のカードは錬金術上で重要であり、錬金術の三原質の中の、硫黄の役目を担っています。彼は両腕と頭を使ってカードの上方に三角形を作り、組んだ足で、下方の十字を形成しています。その形は、錬金術における硫黄の記号を示し、硫黄との関連性を強調しているのです。硫黄は、宇宙の男性的で敏捷な、燃えるような創造エネルギーであり、全ての生物の根源であるとされています。皇帝の力は、普遍化された父の力を持つのです。

アテュの中で、「女帝」が錬金術における塩を示すと記載しましたが、同時に「女司祭」が水銀を支配します。この3枚のカードによって、錬金術の三原質が構成されます。

高い位置にある王座の柱頭には、ヒマラヤの野生の雄羊の頭がついています。皇帝の足元には子羊が頭をもたげてうずくまり、旗を掲げています。キリスト教で、子羊はイエス・キリストの象徴であり、白地に赤い十字が入った勝利の旗を掲げる子羊は、キリストの復活を意味しているのです。

雄羊は孤高を愛する習癖を持ちながらも、野生的で勇敢であり、皇帝が持つ性質と、ほぼ一致しています。この皇帝も最上位の統治者という重責を担いながら、誰にも頼ることなく孤独を背負う中で、任務を全うしているのです。

右手には雄羊の頭の飾りがついた王笏を持ち、左手にはマルタ十字架のついた宝珠を持っています。その意味は、彼の政府が創設されたということであると、クロウリーは記述しています。王座の肘かけにある二つの小さな太陽は、「女帝」を挟んでいた二つの月とは様相が違い、上下に火柱を放出しながら決して触れ合うことなく、完全に対立した姿を見せています。

皇帝の盾には、深紅色の円盤を頭上に頂く双頭の鷲が描かれています。これは「女帝」の白鷲が、月の色である銀の性質を表すのと対照的に、錬金術師の金の性質を表しています。

✳ 占い上の意味

牡羊座で興になった太陽と、盛である火星のエネルギーを受けて、社会的

に活動するエネルギッシュな男性像を象徴します。それは「女帝」と完全に対になる男性性であり、「女帝」が持つ母性に対して、普遍的な父性をも示しています。

このカードが持つキーワードは、「責任」です。皇帝のような高い地位にいる人物は、多くの人達から称賛される反面、誰にも頼ることなく、自らの意志で決断を下さなければなりません。それと同時に、その決断によって生じる結果の全てにおいての責任も取らなければならないのです。また、争いが生じた場合は、率先して戦いに応じる必要があります。

このカードが持つ番号の4は、物質的安定も象徴しています。いつ戦争が生じるか分からないような、精神的に緊迫した状態に置かれているとはいえ、高い社会的地位であることから、金銭・物質的にはほとんど不安や不満のない、確固たる安定した状況を築いているのです。

それと同時に、「皇帝」は父親としての役割も持っています。父親は私生活における役割ですが、やはり一家の主として、頂点に立つ存在である点は共通しています。公私共に統治的役割を持つ、権威的存在であるといえるのです。

皇帝は、「あらゆる可能性を達成せよ」という、強固な意志と大胆な行動力を持っています。そうしたことから、闘争や戦争、征服、勝利、精力や活力、野心や独創性という意味も持ちます。

ネガティブになると、自信過剰で傲慢、誇大妄想、短気で頑固、有言不実行、不機嫌などの意味が生じます。「皇帝」が持つ自信やリーダー性の、陰の部分が強調された状態になるのです。

❋ 各意味の読み取り例

全体運

ポジティブ
強い責任感と高い行動力で、任務を遂行する。
感情に流されず、意志に沿って行動する。
大勢を引率する高いリーダー性を発揮する。

ネガティブ
自信過剰で傲慢になり、勝手な態度を取る。
実際よりも自己評価が高く、失敗しやすい。

恋愛運

ポジティブ
男性が女性をリードする、亭主関白的な恋愛。
感情に流されず、義務的に異性に接する。
最後まで責任を取り、結婚に持ち込む交際。

ネガティブ
男性が傲慢になり、女性を苦しめる恋愛交際。
自信過剰さが、恋愛の成就を妨害する。

仕事運

ポジティブ
高い地位に昇りつめ、トップクラスになる。
大規模な事業を、責任を持ってやり遂げる。
仕事を成功させるための、高い能力を持つ。

ネガティブ
自信過剰から手を抜いたりサボったりする。
取引先や顧客に、高慢で横柄な態度を取る。

対人運

ポジティブ
大勢のリーダー役になり、尊敬される。
責任を持ち、小さな約束でもしっかり守る。

ネガティブ
目下や弱者に対して、上から目線になる。

金運

ポジティブ
勤勉さが功を奏し、高い収入額を得る。
金銭運用能力が高く、着実に富を築く。

ネガティブ
見栄を張るために散財して、後々困る。

Ⅴ 神官
The Hierophant

キーワード Keyword

寛大な心で見守る
高い精神

ヘブライ文字 Hebrew alphabet

ו （ヴァウ）意味：釘

占星術 Astrology

金牛宮

※ 象徴の解説

　クロウリーは、このカードは元来エジプト神のオシリスを表していたが、ルネサンス時代にはキリスト教に替えられ、ローマ教皇になったと記述しています。ここでは教皇ではなく、古代エジプトや古代ローマで神殿に仕えていた聖職者である「神官」もしくは「司祭」という意味を与えています。

　ヘブライ文字では、釘を意味するヴァウに対応しています。そのため、カード上部には出窓を取りつけるのに使う9本の釘があり、白く霞んでいる丸い出窓には、五弁の薔薇が咲いています。西洋占星術では、支配星に金星を持

つ、金牛宮に関連しています。

　この神官は、エジプトの神オシリスであり、「オシリスの永劫（アイオン）」の象徴です。クロウリーの有名な思想に、２千年を１単位とする「永劫」という概念が存在することは述べましたが、「オシリスの永劫」とは、1904年から始まる「ホルスの永劫」の前の永劫であり、キリスト教のような一神教を中心とした、「父長の時代」を象徴しています。

　象は金牛宮の性質を持つため、神官の聖座の上部には象が存在しています。神官が実際に座っているのは、これも金牛宮の性質を持つ、雄牛の背です。また、エゼキエル書の幻視とヨハネの黙示録に出てくる四聖獣、すなわちケルビムが、神官と聖堂の守護役として、四隅を囲っています。

　大宇宙を表す六芒星が、神官の頭を頂点として顕現し、神官の姿をすっぽりと包み込んでいます。その中の神官の胸に位置する中央には、明るい五芒星があり、その中には踊る男児である童神ホルスが存在し、新しい永劫の誕生を予感させています。ホルスはオシリスの次の永劫として、２千年にわたり、新しい世界を支配するのです。

　神官の前に立ち、剣を下に向けて左手に三日月を持つ女性は、時間と周期の女神である「緋色の女」、もしくはイシスを表します。彼女は金星の象徴であると同時に、オシリスの永劫の更に前の時代である、「女族長の時代」の「イシスの永劫」を象徴しています。このカード１枚の中に、クロウリーが主張する三つの永劫が揃っているのです。神官が右手に持つ棒の頭にある三つの環は、その三つの永劫を組み合わせたものであり、一番上がホルス、下の二つはイシス、オシリスの永劫となっています。この神官が行動するリズムは、２千年刻みであるといいます。

　カード全体の背景は、夜空の女神ヌイト神の夜空の色である、濃藍色に染まっています。ヌイト神はクロウリーのテレマ崇拝で重要な存在であり、夜空の色が、このカードの神秘性を高めているのです。

　普段は穏やかである神官の表情に、ときには悪意が見えることがあります。

このカードがネガティブな意味を帯びると、神官に潜む残虐性が表出し、加虐的な様相が見えるようになるのです。

✳ 占い上の意味

　聖職者である神官を中心に添えていると同時に、三つの永劫（アイオン）を表現しているこのカードは、非常に神聖なエネルギーを持っています。人間を神格化した神官を四つの聖獣が守ることから、守護の力が強く、瞑想には適したカードであるといえるでしょう。

　このカードは、地上界よりも一歩だけ上昇した位置から下りてくる高次のエネルギーを示すと共に、スピリチュアルな学びや要素を、日常生活に反映させる必要性を示しています。人々は皆一つにつながっていることを意識し、我欲に溺れないこと、神々が持つ寛大な精神を感じ取ること、自分が出したことはそのまま返ってくることや、全ては神によりコントロールされていることを理解することなどです。

　具体的には、平穏で寛大な精神、そうした心で人々や事象の根本を理解すること、体験として学ぶこと、正しい智慧や知識、目上からの援助や教育を受けること、もしくは目下を援助し教育を授けること、人徳を高めること、不屈の精神、苦労や忍耐を引き受けることなどの意味を持ちます。人間であっても決して俗物的ではなく、やや高次の位置から、世俗な物事を寛大な精神で眺めているというイメージです。

　しかし、象徴の解説でも「神官に潜む残虐性」とあったように、このカードがネガティブな様相を帯びると、ほぼ逆転した意味合いが引き出されます。親切な言動の裏に潜む計算高さや残虐性、力はあるのに出し惜しみをする姿勢、意地悪をしてやろうとする心の狭さが浮き彫りになるのです。

※ 各意味の読み取り例

全体運

ポジティブ
高い精神性を持ち、物事を寛大な心で見守る。
良い運気の流れに恵まれ、全て順調に進む。
平穏で寛大な精神を持つ、信頼できる人物。

ネガティブ
力を出し惜しみするような、狭量な心を持つ。
目下や弱い者に意地悪をして、密かに楽しむ。

恋愛運

ポジティブ
父親や母親のように、安心して頼れる異性。
周りの人が、良い異性を紹介してくれる。
お見合いや結婚紹介所を通して良縁をつかむ。

ネガティブ
精神性が高いため、恋愛モードになりにくい。
完全に受け身で、自分から動いてこない異性。

仕事運

ポジティブ
仕事が目下へと順調に受け継がれていく。
上司や先輩からの、手厚い施しを受ける。
大勢に感謝されるような、人々に役立つ仕事。

ネガティブ
完全に習得したため、向上や学ぶ余地がない。
技術を自分の中に溜め込み、周りに教えない。

対人運

ポジティブ
寛大で親切な目上の人からの援助を受ける。
目下の人の援助をして、感謝される。

ネガティブ
誰かが困っていても、見て見ぬ振りをする。

金運

ポジティブ
窮地に追い込まれても、自然と援助がある。
目上の親切心により、経済状態が良くなる。

ネガティブ
精神的に何かを得ても、経済面に影響しない。

VI 恋人
THE LOVERS

キーワード Keyword

愛による分析と統合

ヘブライ文字 Hebrew alphabet

ז（ザイン）意味：剣

占星術 Astrology

双児宮

※ 象徴の解説

　クロウリーは、この「恋人」と「技」のカードは、共に二重性を持ち、意味も多岐に分かれているため、アテュの中でも意味が曖昧で難しいと記述しています。しかし、「恋人」は双児宮の属性となり、その本質は単純であるとしています。また、複数の人物が描かれている最初のカードです。対応するヘブライ文字はザインで剣という意味を持ち、この文字の力を取り入れるため、このカードの縁取りは、高くそびえ立つ剣のアーチでなされています。

　剣は主に、切り裂くなどの分割に使われます。宇宙の作用は分解と融合の

二つであるという見解を基に、錬金術における代表的な言葉に「分解し、而して融合せよ」というものがあります。それに従い、このカードの主題は分析と統合であるとしています。そのために、基本的なカードの一つであるといえるのです。

　そのアーチの下では、王家の結婚式が執り行われている様子が描かれています。2人を取り持つ聖職者のようにカードの中央に立ち、フードをかぶった大きな人物は、「隠者」の別の姿でもあり、同時に「魔術師」で登場する、メルクリウス神でもあります。沈黙を意味する厚い外套で姿を隠し、「はっきりと見えるところには、物事の根源的な正しさは存在しない」と伝えているかのようです。言葉の象徴である巻物を両脇に挟み、2人に祝福と聖別の印を送っています。この隠者の役割は、錬金術の結婚と祝福をすることなのです。

　カードの上部には、イブとリリス、キューピッドが浮かんでいますが、これは本来のタロット・デッキの「恋人」に描かれていたものを、継承するために描かれています。黄金色の翼を持つキューピッドは、ギリシャ神話におけるエロスであり、気紛れでいたずら好きな性格です。キューピッドが目隠しをされているのは、誰とでも一体になりたいという意志を示すとされています。キューピッドの矢筒には、テレマの語である法の言葉が刻まれています。

　挙式をしているのは、金の王冠を戴いた肌の黒いムーア人の王と、銀の王冠をかぶった白人の女王です。王は赤いライオンを、女王は白い鷲を従えており、自然の男女の原理を示しています。王のマントには蛇が刺繍され、女王のマントには蜜蜂の装飾がついています。王は聖なる槍を、女王は聖杯を片手に持ち、あいた手をお互いに握り合い、結婚の合意を示しています。対をなす肌色をした子供達が、それぞれ入れ替わった位置に立っています。そして、白人の子供は肌の黒い王の前で聖杯と薔薇を持ち、黒人の子供は父の槍と棍棒を持っています。

　2人の間の足元にある、翼のついたオルフェウスの卵は、男女の原理に基づいて生まれる生命の本質を示しています。

クロウリーは、これと対になっているカードは、人馬宮が対応する「技」であり、この二つのカードは相互に補完性が強いため、一緒に研究する必要があると述べています。

※ 占い上の意味

錬金術における分解と融合の作用を示すことから、このカードの主題は分析と統合とし、特に対になった二者の関わり方を示しています。カードに描かれている隠者の役割が、錬金術における結婚と祝福であったように、特に融合と統合の過程の方が、このカードの重要なテーマになっています。このカードは、黒と白、男性性と女性性という、陰陽を統合させる結婚を示しているといえるのです。

分解や分析は、愛の欠如により生じる現象であるといえますが、このカードが強く関わる融合と統合は、愛による作用であるといえるでしょう。そのため、このカードは「愛」というキーワードを持っているのです。

それは、あらゆる次元とあらゆる形の愛を示し、愛に満ちた関わり合いを示します。しかし、カードに描かれた2人はまだ挙式をしている段階であり、恋愛感情が最大に高揚している状態です。お互いに深く理解し合い、相手の全てをひっくるめて受け入れるような段階にまでは、まだ至っていないのです。あくまでも融合したてであり、まだ生まれたばかりの、深さには欠ける状態の愛であるといえるでしょう。それ以外には、クロウリーはこのカードに直観や霊感に対するオープンな心、直感力や透視力などの意味も付与しています。

ネガティブな意味が強調されると、幼稚さや軽薄さ、優柔不断や自己矛盾、不安定さという意味が表出されます。また、人との表面的な結合という、深みのない状態も示します。場合によっては、分解と融合の「分解」の方にスポットが当たり、心がバラバラになることや、別離なども意味することになるでしょう。

☀ 各意味の読み取り例

全体運

ポジティブ
物事を受け入れ、理解し始めた段階。
深刻さのない軽い気持ちで、何かを捉える
楽しい出来事の到来に、心が躍る状態。

ネガティブ
軽薄さから、物事の表面だけを見ている状態。
愛の欠如により、物事から離れていく。

恋愛運

ポジティブ
お互いに魅力を感じ合う、ときめく恋愛交際。
結婚を考えるほど燃え上がる恋の情熱。
デートが楽しく、ラブラブムードになれる。

ネガティブ
相手の表面的な部分にだけ惹かれている状態。
気持ちが通わず、別れの方向へ進みがちに。

仕事運

ポジティブ
趣味に取り組むように、楽しさを感じる仕事。
異性が多く、ときめきを感じる職場や仕事。
周囲との和合が、仕事への意欲を高める。

ネガティブ
労働意欲に欠け、サボりや雑談が過ぎる。
仕事より、遊びや恋愛に意識が向きやすい。

対人運

ポジティブ
魅力的な異性と親しくなり、楽しく過ごせる。
意気投合できるスクールメイトや趣味仲間。

ネガティブ
感情任せになり、誠意には欠ける人間関係。

金運

ポジティブ
買い物やグルメ、旅行で楽しく投資できる。
異性が金銭的にサポートしてくれる。

ネガティブ
稼ぐことより散財にばかり意識が向く状態。

67

VII 戦車
The Chariot

キーワード Keyword

力をコントロールしながらの前進

ヘブライ文字 Hebrew alphabet

ח（ケト）意味：柵、囲い

占星術 Astrology

巨蟹宮

❋ 象徴の解説

　ヘブライ文字では、柵や囲いという意味を持つケトが対応し、西洋占星術では、黄道十二宮の巨蟹宮が配属されています。巨蟹宮は母性を示すと同時に水の元素の活動宮であり、激しい奔流を象徴します。

　中央に大きく描かれた戦車が持つ天蓋の青色は、生命の樹の母を示すセフィラである「ビナー」が示す、夜の空の色を示します。それを支えているのは、聖なる4文字であるテトラグラマトンが支配する宇宙のものとされる、4本の柱です。3は精神を示す反面、4は物質を示し、固定された安定感が

あることも暗示します。この戦車を牽くのは4頭のスフィンクスであり、それぞれが四元素を示すケルビムです。「神官」の四隅にいた、エゼキエル書の幻視とヨハネの黙示録に出てくる四聖獣、つまり雄牛、獅子、鷲、人間からなっています。これらの四聖獣は、それぞれ別の方向を向いていますが、顔と胴体がシャッフルされていることからバランスが取れた状態になり、その運行は完全に釣り合っています。そのため戦車に乗る御者が指揮を取らなくても、戦車は間違いのない方向へと進むことができるのです。

　戦車の御者は、琥珀色の甲冑を身につけて胡坐をかき、指揮を執る必要がないため、瞑想をするように静かに座っています。彼は円盤のようなものを大事そうに抱えていますが、それはこちらに内部を見せるように持った聖杯です。その聖杯の中央部の皿は、光輝を放ちながら回転しています。純粋なアメジストで作られているその聖杯は、この絵の中で最重要のものであり、木星の色を持っています。また、その形はビナーの大海を暗示しています。それは、聖杯が偉大なる母からのものであることを示しているのです。

　御者は戦車に乗りながらも、その聖杯を捧げ持つことが唯一の役目です。胃には、巨蟹宮を表す蟹が羽根飾りとして使われており、その眉庇は下げられ、御者の顔を見ることはできません。全身も鎧で覆われ、僅かな肌も露出していません。それは、その顔や身体を見た者は、死んでしまうといわれるためです。甲冑についている10個の星は、カバラの4番目の世界であるアッシャーの星と呼ばれ、それは母から受け継いだ天上の露であるとされています。御者の両脇にある大きな緋色の車輪は、力と厳しさを象徴するセフィラの「ゲブラー」が、回転運動を起こして発するエネルギーを示すとしています。

※ 占い上の意味

　ひたすら前進するのみで、後退する機能を持たない戦車は、目的に向かって進んでいくエネルギーを象徴します。戦車に乗る御者は瞑想による集中を通して、自分が真に達成すべき目標や、取るべき進行方向を、きっかりと探

し出すことができるのです。そして、戦車を牽く四つの元素を示すケルビムが、それぞれの知恵と力を統合させ、そこへたどり着くためにベストである道筋を探し出します。決して寄り道や遠回りをすることなく、ストレートに目標や欲望を達成させることができるのです。これは、陰陽もしくは四元素のバランスが取れ、上手にコントロールされたパワーも表しているといえます。

また、こちらに向けた聖杯の底から出る、力と厳しさを象徴するセフィラの「ゲブラー」のエネルギーが、あらゆる次元におけるパワーを象徴しています。それは決して横暴なものではなく、母なる大海による聖なるパワーなのです。

こうしたことから、このカードは前進するパワーや、力のコントロールという意味を持ちます。それ以外には、大勝利や征服という意味も与えられています。

ネガティブなイメージが強調されると、破壊欲や敗北による服従、気弱さによる忠実、頑固な抵抗者など、ポジティブな場合に比べてほぼ逆の意味が表出されます。

※ 各意味の読み取り例

全体運

ポジティブ
一つの目標に向かってストレートに前進する。
複数の力を統合して、上手く進んでいく。
バラバラの意志や力をコントロールする。

ネガティブ
進む方向性が定まらずに、前進できない。
目標を達成できず、挫折や敗北感を味わう。

恋愛運

ポジティブ
好きな異性獲得のため、果敢に行動する。
恋愛を成功させるために創意工夫を凝らす。
複数の異性の中から、一人を選び出す。

ネガティブ
相手の気持ちを考えずに、暴走気味になる。
異性にどう接していいのか分からない状態。

仕事運

ポジティブ
仕事の目標達成のために、集中して働く。
複数の部下や顧客を上手くコントロールする。
複数の才能を統合して、実力を発揮する。

ネガティブ
仕事の目標が散漫になり、効率が悪くなる。
思いつきで工夫なく取り組み、悪い結果に。

対人運

ポジティブ
複数の人達のまとめ役として成功する。
自分から人に働きかけて、好結果を得る。

ネガティブ
人に支離滅裂な態度を取り、信用されにくい。

金運

ポジティブ
お金を大事なことだけに投資し、成功する。
高いギャンブル運がある。

ネガティブ
無計画にお金を使い、後々困ることになる。

VIII 調整
ADJUSTMENT

キーワード Keyword

知性と合理性で
物事を均衡に保つ

ヘブライ文字 Hebrew alphabet

ל（ラメド）意味：雄牛の追い棒

占星術 Astrology

天秤宮

✷ 象徴の解説

　このカードは一般的に「正義」と呼ばれていますが、クロウリーは、「正義という語は自然ではなく人間的である。自然にとっては正義ではなく『正確』である」として、このカードの名を「調整」に変更しています。

　このカードは、ヘブライ文字では雄牛の追い棒という意味を持つラメドに対応し、西洋占星術では金星に支配される天秤宮を表します。

　法と制約の数を表す４本の角錐と、多くの球体でできた王座の前にいるのは、真理と正義のエジプト神の、女神マアトです。マアト（maat）はエジプ

ト語で「尺度」「真理」を示し、「数学」（mathematics）という言葉の語源にもなっています。頭巾に飾られた駝鳥の羽毛が、彼女が真理の女神であることを象徴しています。

　女神マアトは両手でしっかりと魔法の剣を握り、それを足の間に挟んで支えています。そして宇宙の重さを量る役割を持つ天秤を、原因という鎖を使って下げています。向かって左側の天秤には、最初のヘブライ文字のアルファが書かれた球が、そして右側の天秤には、最後のヘブライ文字のオメガが書かれた球が乗せられ、両者は完全に釣り合っています。それによって、後光が形作る菱形の中で身体の均衡が保たれ、女神マアトの公正さを保っているのです。青色と緑色という鎮静な寒色が基盤になっているのは、感情よりも知識や合理性、分析力を重視するためであるといえるでしょう。このカードは、万物の均衡を象徴しているのです。

　仮面の下に見える表情からは、宇宙の中の不均衡の要素全てを支配していることに、密かに満足している様子がうかがえます。そのため、この大アルカナには、「満ち足りた女性」という意味も与えられています。女神マアトは、全ての行為の長所を評価し、正しい償いを求めるのです。

　クロウリーは、ヘブライ文字のアレフとラメドが『法の書』の秘密の鍵を構成するとして、このカードはアレフが対応している「愚者」に対応し、女神マアトは愚者を補完する女性であり、愚者のパートナーであると記述しています。「愚者」が持つ純真さと豊かな行動力に、「調整」のバランス感覚と知識、分析力が加われば、鬼に金棒の状態になるといえるのです。

　また、天秤宮の支配星が金星であることから、クロウリーの代表的な三句の中の一つである、「愛は法なり。意志下の愛こそが」を示すカードであるとも記述しています。

❋ 占い上の意味

　このカードの絵柄には、4本の角錐や四角形の菱形、4の倍数の数の球

体など、法と制約の数を表す4が至る箇所に使われています。配属されている天秤宮では、規制や制限を意味する土星が興になることも合せ、このカードの全体像は、感情や自然の動きによらない、規則正しく制限された物事や、知識や合理性、平等性などを意味しています。そこには「好きか嫌いか」という主観性が入る余地はなく、「正しいか間違っているか」という客観性のみが、全ての動きを支配しているのです。まさに自由奔放な「愚者」とは、対極に位置するカードであるといえるでしょう。

　調整や調停という意味から、正反対のものを釣り合わせ、バランスを取ることも意味します。それ以外には、正義や正確、調停行為、訴訟または起訴、社会的には結婚または結婚の承諾、政治的には協定を表しています。

　また、何かに同化しないように距離を置き、見守る姿勢も示しています。同化しないということは、やはり個人的な感情を顕出しないということです。

　安定感の強いカードであるため、極度にネガティブな意味に傾くことはありません。もしネガティブな意味が表れるとしたら、合理主義による堅苦しさや融通の利かなさ、思考のみで行動力が欠如していること、感情の表現を抑えることなどが挙げられます。

※ 各意味の読み取り例

全体運

ポジティブ
的確な判断力と分析力により、安定さを保つ。
感情に振り回されず、理性に沿って動く。
対立している物事の、調停役として成功する。

ネガティブ
常識や規約に囚われ、自分らしさを出せない。
意識が縮こまり、大胆な行動を起こせない。

恋愛運

ポジティブ
感情に振り回されず、冷静に恋愛を観察する。
常識の枠を越えない、真面目な交際をする。
お互いに相手を認め、対等な関係を築く。

ネガティブ
複数の異性を天秤にかけ、決断できない。
義務的な交際や友達関係から抜け出せない。

仕事運

ポジティブ
規律や時間をきっちり守り、真面目に働く。
高い分析能力やバランス感覚を活かせる。
自分のノルマを完璧にこなし、信頼される。

ネガティブ
決められた仕事しかできず、幅が広がらない。
発展性に欠け、ルーチンワークになりがち。

対人運

ポジティブ
冷静な話し合いにより、理解し合える関係。
波風がなく安定した細く長い交際ができる。

ネガティブ
周りの目を気にして、言動を無駄に合わせる。

金運

ポジティブ
規則正しい生活が安定した金運を呼び込む。
計画通りにきちんと金銭を運用できる。

ネガティブ
お金に保守的になり、締まり屋になりやすい。

IX 隠者
The Hermit

キーワード Keyword

外界に影響されず、
独り内省する

ヘブライ文字 Hebrew alphabet

י （ヨッド）意味：手

占星術 Astrology

処女宮

✵ 象徴の解説

　ヘブライ文字では、手を意味するヨッドに対応し、西洋占星術では処女宮に配属されています。ヨッドの強調として、道具としての手がカードの中央に描かれています。ヨッドはテトラグラマトンの名の最初の文字であり、偉大なる父の象徴です。そしてヘブライ文字のアレフベートの基本であり、ヨッドを組み合わせることで、他の全ての文字が出来たとされています。配属されている処女宮は、ギリシャ神話の豊穣の神デーメーテールと関連し、特に大地に実る穀物を意味しています。そのため、このカードの背景には、一面

に緑色の小麦畑が描かれているのです。

　背を向けている白髪の隠者は、暗い赤色のマントを着込み、全身でヨッド
の文字を表現しています。この目立つマントの色は、彼を懐胎する「ビナー」
の色であり、マントは沈黙を表すと、クロウリーは説明しています。中央に
浮かんだ手には角錐のランプを持ち、その中央には火の玉に似た太陽が描
かれ、そこからは周囲を照らす光線が、四方八方に分散されています。また、
その光線はどこからか反射されたかのように、隠者の背中全体を三角形の光
で明るく照らしています。

　隠者が敬慕しつつ凝視しているのは、宇宙の普遍的象徴である、オルフェ
ウスの卵です。緑色がかったその卵は、宇宙と同じ領域にあるとしています。
クロウリーは、隠者の別名の一つをサイコポンパスといい、霊魂を下界へ導
く案内役をすると述べています。それは深淵から伸び出している蛇の棒によっ
て示されますが、蛇の棒は発達して、有毒になった精子または胎児の杖に変
化しています。ヨッドは手であり処女であると同時に、男根や精子も示して
いるためです。また、杖には愛という意味も与えられています。

　右下には、彼が飼い慣らした頭が三つある犬が存在し、隠者の後に従って
います。これはギリシャ神話に登場する冥界の番犬のケルベロスであり、冥
府の王ハデスの使いです。ケルベロスは三つの頭が交代で眠り、常にどれか
しらの頭は覚醒しているため、番犬としては最適な怪物であるといわれてい
ます。
こうした象徴を全て合わせ、この「隠者」に示されるのは、生命の神秘全般
であるとしています。

※ 占い上の意味

　このカードは、生命の神秘的な物事全般を示すと同時に、内部からの神秘
的な衝動なども意味しています。宇宙を象徴するオルフェウスの卵を凝視し
ている隠者は、決して外的に与えられる刺激や情報によってではなく、自己

77

の深い部分を内省することで、何かの発見や衝動を得ているのです。大宇宙の象徴であるオルフェウスの卵を通して、自分自身という人間である小宇宙を内観し、真実や自身の深層心理を見つけ出すことができるのでしょう。

　また、沈黙を表すマントが全身をすっぽりと覆っている点や、番犬のケルベロスに背を向け、視界に誰も入っていないことなどから、独りであり孤独感を味わっていること、周囲との関係を絶っていること、独自の道を進んでいくことなども意味しています。内観で得られた気づきや啓示は誰にも公表されることなく、隠者の心の中に秘められたままの状態なのです。それは決して無駄な作業ではなく、彼の内面を豊かにします。独自の理解と満足感を得るために、オルフェウスの卵を通して内面を見つめるのです。それ以外には、一人で放浪すること、常に沈黙を守ることなどを意味します。

　通常の状態であってもポジティブに捉えにくいカードではありますが、ネガティブなイメージが強調されていると、自分が周囲に築いた壁が原因で、人々から孤立すること、人を遠ざけること、独自の世界に入り込みすぎ、現実が見えなくなることなどを意味するようになります。

☀ 各意味の読み取り例

全体運

ポジティブ
周りに影響されず、自分が信じる道を進む。
内観することにより、新たな啓示がある。
独り静かに過去や未来、真実などを考える。

ネガティブ
外界と壁を作り、孤独の状態に陥る。
自分の中で、考えが堂々巡りをする。

恋愛運

ポジティブ
相手への深くて真実の愛情を抱えている。
恋愛を通して、自己の内面の成長をはかる。
恋愛を必要としない、内面が充実した状態。

ネガティブ
恋愛に無関心で、異性に恋愛感情を持てない。
異性に壁を巡らし、自ら恋愛を遠ざける状態。

仕事運

ポジティブ
独りでコツコツとこなす仕事で成功する。
仕事を通して、内面の深い充足感を得られる。
神秘関係に関する職業に縁がある。

ネガティブ
仕事に対して嫌悪感を持ち、意欲が湧かない。
対人能力の低さが、仕事に悪影響を与える。

対人運

ポジティブ
人の言動に惑わされず、自分の意志を貫ける。
人目を気にせず、常に自分らしくいられる。

ネガティブ
周りの人に壁を作り、孤立する方向へ進む。

金運

ポジティブ
散財する機会が少なく、貯蓄額を増やせる。
金銭や物質への執着が薄く、精神を重視する。

ネガティブ
稼ぐ能力に欠け、生活が窮地に追い込まれる。

X 運命
Fortune

キーワード Keyword

運命やカルマに身を任せる

ヘブライ文字 Hebrew alphabet

כ（カフ）意味：掌

占星術 Astrology

木星

※ 象徴の解説

　ヘブライ文字は、掌を意味するカフに対応し、西洋占星術では木星が配属されています。一般的に、木星は幸運を示すとされています。しかし、クロウリーはそれだけではなく、このカードは絶えず変化していく宇宙という運勢の構成要素を表し、どうなるのかは計算できないと記述しています。

　カードの上部には、星を散りばめた天空が存在し、稲妻はその天空をかき回し、青と紫の上昇気流を作っています。そうした中、中央には10本の輻（や）がついた車輪が吊るされています。この10の数字は、生命の樹のマルクト

のエネルギーを持つことを示し、地球上の自然界の事象を支配することを表しています。精神面への働きかけではなく、実際的な動きに強い影響を与えるといえるのです。

　止まることなく回り続ける車輪には、スフィンクス、ヘルマニュビス、テュフォンの三つの像が乗っています。これは自然現象の動きを支配する、錬金術のエネルギーの三つの形を表すとされています。一時的に車輪の頂点に昇っているスフィンクスは、三原質の中の硫黄を表し、武器であるローマ様式の剣を掲げています。車輪の左側には、錬金術の水銀を表す、猿の姿のヘルマニュビスが昇ろうとしています。上昇気流に乗り、ヘルマニュビスの表情は生き生きとしています。彼は本来様々な要素が合成された神ですが、特に猿の要素が強く現れているのです。そして右下で真っ逆さまに落ちていく最中なのは、三原質の塩を表すテュフォンです。彼は手に十字架と鍵のようなものを持ち、それを振り回しています。テュフォンはギリシャ神話の中に出てくる最大級の怪物であり、火山や台風などで地球を破壊するほどの凄まじい力を持っていたとされています。

　輪に乗った三者とも、現状の自分の位置に一喜一憂し、一歩先の状況を見つめることができていません。輪は回り続けるのですから、現在の位置は単なる通過点に過ぎないのです。

　クロウリーは、このカードは「塔」と同様に、至高の達成や至福の統合とも解釈できると記述しています。「運命」と「塔」に共通にするのは、破壊しては生む光線です。そして車輪は、開くと宇宙が絶滅するといわれる「シバの目」であると考えられ、それはアテュ「塔」に描かれた「ホルスの目」を想起させます。

※ 占い上の意味

　中央に描かれた大きな輪は、まさに運命の動きや流れを象徴しています。他のタロット・デッキでは、頂上のスフィンクスは輪を回す役目であったり、

台座に乗って輪の動きを眺める傍観者であったりします。しかしトート・タロットでは、輪を回しているのは稲妻です。スフィンクスは他の二者と同様に、輪の流れに乗る参加者です。そのため頂点にいるからといって、決して安堵できる状況ではありません。一歩先には、転落が待ち構えているのです。それでも現時点で最高の頂点に君臨しているスフィンクスの表情や、剣を掲げる姿勢は、誇らしげに見えます。

　逆に、まさに最下点に到達しようとしているテュフォンは苦し紛れの表情で、手にしたものを振り回し、輪に歯止めをかけようと、必死にもがく様相を見せています。それでも輪は止まらずに、最下点に到達するでしょう。しかし、それからしばらく先には、上昇が待っているのです。今の彼らには現状しか見えず、先のことは考えられない状態であるといえるでしょう。

　そうしたことから、このカードには、運命が導くままに従うことや、運命の変化という意味があります。流れることや、流れに乗って進んでいくこと、ただ運命の流れに任せていれば、流れは行くべきところへ導いてくれるということなども表します。自分の意志では簡単に変えることのできない、運命やカルマを表すのです。

　運命の変化については、基本的には頂点にいるスフィンクスが強調され、幸運を意味する変化を暗示します。しかし現在が幸福であるなら、それはあくまでも一時的なものであり、その後には悪い変化が控えていると読み取ることが可能です。

　それ以外にネガティブな意味が強調されると、方向性に欠けること、流れに任せて楽をしようとすることなどの意味が表れます。

❋ 各意味の読み取り例

全体運

ポジティブ
自然と幸運の流れが訪れ、チャンスをつかめる。
停滞していた物事が、順調に動き出す。
夢実現など幸運が来るが、一時的なものになる。

ネガティブ
自然の流れに身を任せ、状況が悪化していく。
自分の意志ではなく、ただ流されている状態。

恋愛運

ポジティブ
偶然のキッカケを通して、恋がスタートする。
自然の流れで告白をして、両想いになれる。
気まずかった異性との関係が、好転する。

ネガティブ
第一印象で恋人を決めて、後悔する結果に。
一晩で終わるような、一時的な恋になりがち。

仕事運

ポジティブ
昇進や栄転など、思わぬチャンスが舞い込む。
自然の流れに任せることで、能力が上昇する。
転職や異動により、仕事状況が好転する。

ネガティブ
創意工夫を放棄し、周りに流されようとする。
一瞬成功しても、その後に低迷期が潜む。

対人運

ポジティブ
尊敬する人や憧れている人と、縁ができる。
新たな人間関係構築のキッカケをつかめる。

ネガティブ
一時的に仲良しでも、次第に縁が離れる関係。

金運

ポジティブ
宝くじが当たるなど、一獲千金が実現する。
投資していた金額が、増えて戻ってくる。

ネガティブ
一時的に良くても、次第に収入額が下がる。

XI 欲望
LUST

キーワード Keyword
本能に身を任せて欲望を満たす

ヘブライ文字 Hebrew alphabet
ט（テト）意味：蛇

占星術 Astrology
獅子宮

✳ 象徴の解説

　一般的にこのカードは、「力」もしくは「剛毅(ごうき)」と呼ばれています。しかし、通常の力以上のものを意味するとして、クロウリーは「欲望」と名づけました。「欲望」には、ただ力を示すだけではなく、力を使う喜びも含まれています。ヘブライ文字では、蛇という意味を持つテトに対応しています。西洋占星術では黄道十二宮の獅子宮に対応し、それはエゼキエル書と黙示録の四聖獣の中の、火のケルビムと重なります。獅子宮は太陽に支配されるため、十二宮に支配される12枚のカードの中では、最も強力なエネルギーを持っています。

「調整」のカードが表す人為的な事象とは対照的で、「欲望」は自然界による本能的な事象、もしくは性的な行為のことを示しています。

　このカードに描かれた女性は、ヨハネの黙示録に登場する「淫婦バビロン」がモチーフとなっています。淫婦バビロンは「悪魔の住処」の象徴であり、七つの首の獣に乗った堕落した女性として描かれ、手に持つ金杯は、姦淫により汚されているとされています。クロウリーはこの女性を美化し、「聖母ベイバロン」と呼んでいます。ベイバロンに関することは、選ばれた弟子達に伝授されるだけであるとして、詳しい内容は言及していません。

　聖母ベイバロンは、太陽に余すことなく照らされた月の姿であるとし、七つの首を持つ獣とむつまじく一体になり、永劫（アイオン）の主の代役である人間の姿に化けています。彼女は獣の背にまたがり、左手には情念を象徴する手綱を持っています。右手では高く聖杯を掲げ、その聖杯は愛と死の炎で燃えています。獣の七つの頭は、それぞれ天使、聖人、詩人、淫婦、勇者、サテュロス、獅子蛇の頭です。女性はその頭を持つ獣の上で陶酔し、獣は欲情に燃え、互いに忘我の境地に陥っています。このようにカード全体が、原始的で創造的なエネルギーを放っています。

　女性と獣の背後には、未秩序になった生命の樹のセフィロトを示す10個の光線が輪になっています。カードの下方にいる聖人達の姿に生気がないのは、聖人達の生命力が、聖母ベイバロンが掲げる聖杯に全て吸収されてしまったためです。

　掲げられた聖杯の上には、新しく生まれるセフィロトの象徴が10個と、獣の角が10本描かれています。そこからはヘブライ文字テトが象徴する蛇が10匹湧き出て、世界を破壊し再度建て直すために、各地へと送り出されています。

✳ 占い上の意味

「淫婦バビロン」をモチーフとした、性的なイメージと意味合いが強いカー

ドです。性行為とは繁殖行為であり、それは子孫繁栄という豊穣につながる、生物にとっての重大な本能です。そうした自己の遺伝子を残す繁殖行為は、自己の生存欲求の表れであるといえます。性的行為により子孫が繁栄する様子は、女性が掲げた聖杯から多くの蛇が生まれ出て、世界へと散っていくという絵柄からも、想像することができるでしょう。

　カード全体から原始的で創造的なエネルギーがあふれ出す、「欲望」という名のこのカードは、生命力やバイタリティー、勇気や勇敢さなどという意味を持ちます。本能に身を任せている状態ですから、そこには理屈や遠慮、調整的な姿勢などは、ほとんど存在していないのです。ただ欲望のまま、欲しいものを手にするために、全力を出し切ることを惜しまない状態です。クロウリーはそれ以外にも、情熱的で激しい恋愛、魔術に頼ることや魔術的能力を使うこと、などという意味も与えています。

　このカードのネガティブなイメージが強調されると、興奮しすぎて周りが見えなくなる状態や、官能に耽り込みすぎた状態、周囲と調和せずに独りで暴走しやすい状態などが表れます。

※ 各意味の読み取り例

全体運

ポジティブ
本能に身を任せて行動し、欲望を達成する。
夢や目標の実現に向けて、全力で行動する。
激しく情熱的な感情で、心が満たされた状態。

ネガティブ
欲望を満たすことに熱心になりすぎる状態。
欲望で頭が一杯になり、周りが見えない状態。

恋愛運

ポジティブ
お互いに激しく燃え上がる、情熱的な恋愛。
全てが見えなくなるほど、異性を強く愛する。
性的な相性の良さが、2人の情熱を深める。

ネガティブ
肉体関係だけが目的になりやすい恋愛。
自分の情熱を一方的に押しつける心配がある。

仕事運

ポジティブ
好きでやり甲斐のある仕事に、全力投球する。
全力を出し切り、満足できる結果を出せる。
創造性を活かし、社会に創造物を広めていく。

ネガティブ
熱意が高すぎて、周りの動きを見落とす。
燃え尽き症候群に陥りやすい状態。

対人運

ポジティブ
自分から周囲の人達と積極的に関わり合う。
本音をぶつけ合うような、熱い交流ができる。

ネガティブ
熱くなりすぎて、周囲から浮く傾向がある。

金運

ポジティブ
お金を稼ぐために、全エネルギーを注ぐ。
積極性が功を奏し、大金に恵まれる可能性。

ネガティブ
趣味や恋愛につぎ込み、生活面が逼迫する。

XII 吊るされた男
THE HANGED MAN

キーワード Keyword

苦難を通し、
有意義な何かを生み出す

ヘブライ文字 Hebrew alphabet

מ（メム）意味：水

占星術 Astrology

水の元素

※ 象徴の解説

　ヘブライ文字では、三母字の一つであり水を意味するメムに対応しています。また、西洋占星術では四元素の中の水の元素に対応し、水の性質を強調しています。それを示すかのように、エジプトのアンク十字に吊るされた男性は、足の先から全身が、すっぽりと水没してしまっています。水が果たす精神的機能は、洗礼であり死であると、クロウリーは記述しています。

　吊るされている男性は、右足が曲がり左足と直角に組まれています。そして両手を斜めに伸ばして広げ、正三角形を作っています。それは十字架を乗

せた三角形を形成し、三角形が示す精神性に、十字が象徴する物質世界や現実世界が乗っている状態を示しています。クロウリーはこの形態について、闇を補うために、光が降下することを象徴すると記述しています。

　吊るされている男性の背景となっている水面全般は、小さな正方形からなる細かい格子模様で覆われています。正方形は物質界における規則正しさや規律、枠組みなどの象徴であり、この男性が、そうした制限された状態の中に埋もれていることを彷彿とさせます。クロウリーはこの正方形を、銘柄を表記するプレートの銘板であるとし、自然の全エネルギーの名称と印が、これらの正方形の中に示されているとしています。

　手足と頭部の先端には緑色の円盤がつけられていますが、その緑色は金星の色であり、優雅さや希望を示しています。水面上に存在する地上の空気も爽やかな緑色で、生命の樹のケテルから発生する白色光線が、アンク十字を中心にして、辺り一面に浸透しています。これは死が目前に迫っている男性にとっての、新たな希望を生み出しています。アンク十字に吊るされているのは、薔薇十字における魔術の表現であるとしています。

　男性の左足には、創造者であり破壊者でもある、全ての変化を司る蛇が巻きつき、同時に彼の頭の下には、暗黒の深淵の中にうごめく蛇が存在します。頭の下の蛇は、彼の働きにより、子供が生まれることを示すとされています。

　この蛇は、善と悪が混ざった水の元素のエンブレムであり、次の「死」のカードに主題として引き継がれます。この「吊るされた男」は死にゆく神を表すカードであり、このカードは特に神秘家に捧げられるものであると、クロウリーは述べています。

✳ 占い上の意味

　この吊るされた男性のように、自分の生命や肉体を犠牲にしてまでも、有意義な何かを生み出そうとしたり、精神性を高める目的を達成させたりすることを意味しています。自分の肉体的な死をもって、次の世代への豊かな精

神性、全く新しい観念などを生み出せるのです。それは、この男性の周囲の水以外の場所に、爽やかな金星の緑色が多く存在すること、頭の下では暗黒の深淵の蛇が、何かを生み出そうとしていることなどから判断できます。この男性の死後に多くの物事が生まれ、世界が豊かになることが期待できるのです。

　また、裸の男はむき出しになっているエゴを象徴し、背景の格子模様は、既に古くなって合わなくなった規則的な価値観や社会生活の構造、枠にはめられた形式的状況などを表しています。この男性の死後に、そうした制限された世界は崩壊・消滅するのでしょう。

　そうしたことから、このカードは困難や苦しみによる変容、苦しく不快な経過や道筋、古く封建的な状況に直面すること、ネガティブな精神的ブロックに阻まれる状態、古い状況や価値観に苦痛を感じながらも、まだ新しい世界が生まれていない状況などを意味しています。

　また、この男性の精神状態から、単純に、困難や苦しみに遭うこと、犠牲を強いられること、宿命的または自発的に苦しみを受けること、罰を受けること、損失や敗北、失敗を表しています。しかし、まだ死の一歩手前の状況であるため、白黒はっきりとした結果が出る直前の状況を示すといえるでしょう。

☀ 各意味の読み取り例

全体運

ポジティブ
自ら苦境に飛び込み、精神的修行を受ける。
自分を犠牲にして、有意義な何かを生み出す。
苦難の先には、新しい光が待っている。

ネガティブ
古い状況から抜け出せず、進歩が見られない。
何かで束縛され、身動きが取れない状態。

恋愛運

ポジティブ
自分を犠牲にしてでも、献身的に尽くす恋愛。
片想いでもあきらめず、ジッと忍耐する。
古い自分の恋愛様式を崩す意識が芽生える。

ネガティブ
古い恋に固執し、先へ進むことができない。
異性に犠牲を強いられ、苦しいだけの恋愛。

仕事運

ポジティブ
社会のために自分を犠牲にし、貢献する。
私生活を犠牲にして、仕事に全力を注ぐ。
より良いものを生み出すために必要な試練。

ネガティブ
社会の規則や常識に阻まれ、自分を出せない。
苦労を重ね続けても、希望が見えてこない。

対人運

ポジティブ
エゴを抑え、周囲に歩調を合わせられる。
人が嫌がることも、自ら率先して取り組む。

ネガティブ
周りの人達のために、自分が犠牲になる。

金運

ポジティブ
欲しい物を我慢し、節約生活を実行できる。
控えめな生活を通し、貯蓄額を徐々に増やす。

ネガティブ
お金が足りず、質素な生活を余儀なくされる。

XIII 死
DEATH

キーワード Keyword

古い何かを終わらせ、
次の準備をする

ヘブライ文字 Hebrew alphabet

נ（ヌン）意味：魚

占星術 Astrology

天蠍宮

✳ 象徴の解説

　ヘブライ文字では、水面下の生命である魚を意味するヌンに対応し、西洋占星術では火星が支配する天蠍宮に配属されています。天蠍宮は、黄道十二宮中では獅子座と共に、最も強いパワーのある宮であるとされています。天蠍宮が持つ三位一体的特質は、「鷲」、「蛇」、「蠍」であり、天蠍宮は低い位置から高い位置まで、これらの三つの部分に分けられます。最も低い部分の象徴が、悪のエンブレムとされる蠍です。進退窮（きわ）まった状態になると、自殺すると思われている蠍は、最も低級な形の腐敗を示しています。中間の部分

は、善と悪が混ざったエンブレムとされる蛇であり、天蠍宮の主題になります。蛇は生と死の神聖な主であり、蛇の進み方が、人生の局面におけるうねりを暗示するとされています。三層の中の最高の位置は、精神的な高揚を意味する鷲が司り、このカードでは骸骨の頭の上に、その燦然と輝く姿が描かれています。このカードは直接的な死ではなく、錬金術的には腐敗作用を説明するカードであるとし、こうして腐敗の三つの形態が示されているのです。

黒い大鎌を持つ黒い骸骨は、エジプトの神オシリスの王冠を戴いています。これは、彼が決して悪の使いなのではなく、神秘的な力を持つ創造神であることを表しています。大鎌も骸骨も、西洋占星術では試練や制限を司る、土星の象徴です。土星はより物質世界に近く、存在している物事の本質の構造も表しています。

このカードは、死の踊りを表すともされています。骸骨は浮かび上がる魂に向かって大鎌を振り落とし、魂を刈り取っています。それはまさに、魂を物質世界から切り離し、冥界へと送る作業なのです。大鎌を一振りするごとに、一つの大きな泡が出来て、その泡の中では刈り取られた魂が踊り、次第に新しい姿が作られていきます。骸骨も踊っていますが、これらの魂も、泡の中で踊っているのです。天蠍宮の善のエンブレムである鷲が、カードの高い位置から泡に向かって高次のエネルギーを投げかけ、そのため泡は低い位置から高い位置へと移動しています。次の新しい生命へと生まれ変わる準備が、進められるのです。

ヘブライ文字が意味する魚が、カードのほぼ中心の高さに描かれています。魚はその冷血性や敏捷性により、惑星の水星に捧げられるとしています。

クロウリーは、この「死」のカードは二つ前の「欲望」のカードが完結したものであり、その間に挟まれている「吊るされた男」は、その2枚を結びつける溶剤であるとしています。この3枚により、生から死への流れが如実に表れるのです。そして「死」のカードは、最も秘密の形態を取った、宇宙エネルギーの総まとめであるとも述べています。

✳ 占い上の意味

　骸骨が大鎌を振り落として魂を刈り、現実世界から切り離しているように、単純に何かの終わりや死に匹敵する事象を意味する場合もあります。しかし、切り取られた魂が泡に乗って転生の準備を始めるように、魂にとって死はあくまでも、肉体を脱ぎ捨てるという一つの通過地点です。魂が存在し続ける限り、全てが完全に終わるということはあり得ません。全く新しい何かを生み出したり、状況を刷新したりするためには、従来の何かを切り捨てなければなりません。結果的に、切り捨てられた古い何かは腐敗の過程をたどりますが、それは次のステップに入るための処理段階と準備段階であるといえるのです。

　多くの人が、現在手にしている物事を失うことを恐れます。それは手放すことによって安定していた状況が変化し、次にどういった状況や物事が訪れるのかが分からず、不安を感じるためでしょう。しかし人間は、慣れた状況から離れて変化を受け止め、様々な体験を重ねることで、魂の成長をはかるということを、覚えておかなければなりません。クロウリーはこのカードについて、「宇宙は変遷であり、各変化は全て愛の行為の効果である」と記述しています。

　具体的な意味としては、はっきりとした死もしくは破壊、変化や突然の予期されない物事、空白や空虚、手放すことなどが挙げられます。

※ 各意味の読み取り例

全体運

ポジティブ
ハッキリしなかった物事の決着をつける。
長く続いたネガティブな状況が終結する。
何かをすっぱりと断ち切る決意をする。

ネガティブ
執着していた物事から、強引に切り離される。
突然予期しない変化が訪れ、困惑する。

恋愛運

ポジティブ
腐れ縁や苦手な異性との縁がすっぱり切れる。
恋愛に関わらなくても、充実して過ごせる。
恋愛のことを完全に、自分の意識から離す。

ネガティブ
好きで執着していた異性と、縁が切れる。
恋愛を求めても、全く縁ができない状態。

仕事運

ポジティブ
苦痛な仕事に見切りをつけ、すっぱり辞める。
一つの段落が終わり、新しい段落へと入る。
次の仕事に向けて、水面下で準備を進める。

ネガティブ
クビやリストラに遭い、仕事を失う。
仕事に就くチャンスに恵まれない状態。

対人運

ポジティブ
苦手な人達との縁を、すっぱりと断ち切る。
不要な関係が終わり、新しい関係が始まる。

ネガティブ
自分から次々と人間関係を絶っていく状態。

金運

ポジティブ
お金やギャンブルへの執着心を絶つ。
お金の動きが止まり、冷静に観察する。

ネガティブ
自己破産など、全財産を失うような状態。

XIV 技
ART

キーワード Keyword

異質な物事を統合する

ヘブライ文字 Hebrew alphabet

ס（サメク）意味：支柱

占星術 Astrology

人馬宮

※ 象徴の解説

　このカードは、「恋人」に属する双児宮と相対する人馬宮に属し、「恋人」の補完もしくは充足を行っています。ヘブライ文字は、支柱という意味を持つサメクに対応しています。

　中央に描かれているのは、ローマ神話の月と狩猟の守護女神、ディアーナの姿です。ディアーナは多くの乳房を持ち、新月の銀の弓を手にしているのが特徴で、人馬宮が虹を貫く矢を携えているのと共通しています。絵柄の中では、大釜から生じる二条に分かれた虹色の光に向かって発射される矢が、

それを象徴しています。矢は導かれた意志を示し、「恋人」のカードと同様、極めて重要であるとしています。

このカードは「恋人」に出てくる黒人と白人の結婚が、完成された姿を表しています。ディアーナは黒と白の人物が合体した姿で、両性具有者となっています。白人の女王の頭は黒く、黒人の王の頭は白くなり互い違いになっていて、頭部だけではなく、腕の部分においても黒と白の合体は、互い違いに行われています。白い左腕は、タンパク質の一種であるグルテンが入った杯を持ち、黒い右腕は、松明となって燃えながら血を吐き出す、槍を持っています。下にある大釜の中でこの両者が合体し、火は水を煮え立たせ、水は火を消しているのです。「恋人」のカードで、それぞれのガウンに描かれていた蜂と蛇も合体し、植物の成長を意味する緑色の衣服に施されています。

本来、太陽の象徴であり赤色である獅子は白色に変わり、大きさを増しています。そして銀を示す白色の鷲も大きくなり、身体は赤色に変わっています。これは、王の赤い血が女王の白いグルテンと入れ替わったことを示すとされています。

大釜による作業によって生じた虹から現れた後光の中には、ラテン語で「大地の内部を調査せよ、浄化により、賢者の石を見出すであろう」と記載されています。この文中の頭文字は VITRIOL という語を作りますが、クロウリーは、それは「宇宙の溶剤」を意味するとし、この言葉が意味する硫酸や硫酸塩とは関係がないと記述しています。錬金術の三原質である、硫黄、水銀、塩の均衡の取れた混合を意味するというのです。

大地の豊穣は雨と太陽により保たれ、それは錬金術的にいえば、火と水の結婚による成果です。クロウリーが重視する「大いなる業」は、矛盾する要素を大釜の中で混ぜ合わせることであり、このカードは「大いなる業」の、最終段階が示されているとされています。このカードは、対極的な物事の統一を表しているのです。

※ 占い上の意味

　この「技」のカードは、王と女王の顔と髪、腕の色、液体のグルテンと火の血を合わせている様子、火と水を象徴する獅子と鷲がそれぞれの色を交換した姿など、全ての物事が対照的に存在しています。唯一、作業をしている大釜から立ち上った光は虹色に輝きながら、完全な左右対称に分かれ、そこから大きな後光が発し、文字が円形に表れています。これは、対極的な物事の統一が成功し、歓喜的な状況に仕上がったことを示しているといえるでしょう。

　そうしたことから、このカードには主に、統合や総合という意味があります。対極的な力を含め、様々な力が結合し、一つの何かを形成します。また、ただ物事を一つにすることだけではなく、錬金術的な変化として、何かを統合することによって、全く別の何かが生じる可能性があることも暗示しています。例えば、対立した意見を話し合いの末に統合させ、共に満足することで、そこには単なる2倍を超えた、大きな歓喜のエネルギーが発生することと似ています。

　クロウリーはそれ以外にも、このカードに「正確な計算に基づく行動」や「手の込んだ策略を用いた成功」という意味も与えています。

　このカードの前身であり、他のタロット・デッキにおける「節制」には、「純化」や「バランス」という意味があります。この「技」には、それに更に踏み込んだ深い過程が存在しているのです。

※ 各意味の読み取り例

全体運

ポジティブ
異質な物事を結合して、一つの物事にする。
違和感のある物事も、拒否せずに取り入れる。
策略を用い、創意工夫をして成功させる。

ネガティブ
嫌な物事を拒否できず、妥協して迎合する。
対立を避け、無難にやり過ごそうとする。

恋愛運

ポジティブ
お互いに相手を認め、意志の疎通をはかる。
2人で共同作業をして、高い成果を出す。
夫婦のように似た者同士になる。結婚する。

ネガティブ
衝突がない分、刺激の少ない惰性の交際。
相手の短所に目をつぶり、受け流す状態。

仕事運

ポジティブ
周囲と力を合わせ、一つの仕事を完成させる。
与えられた仕事を滞りなく、そつなくこなす。
小さな仕事を合わせ、大きな仕事を完成する。

ネガティブ
細かい作業が多く、神経を使う仕事。
苦手な仕事でも妥協して、仕方なくこなす。

対人運

ポジティブ
お互いの意見を出し合い、認め合える交際。
細かい気配りにより、順調に進む人間関係。

ネガティブ
苦手な人に迎合し、内心で嫌々交際する。

金運

ポジティブ
収支のバランスを取り、上手にお金を使う。
滞ることなく、お金が円滑に回っていく。

ネガティブ
細かい調整はできても、一獲千金は狙えない。

XV 悪魔
The Devil

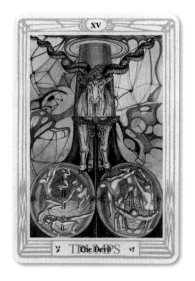

キーワード Keyword
物質的快楽への渇望や執着

ヘブライ文字 Hebrew alphabet
ע（アイン）意味：眼

占星術 Astrology
磨羯宮

✳ 象徴の解説

　ヘブライ文字は、眼を意味するアインに対応し、西洋占星術では磨羯宮に関連づけられています。磨羯宮は十二宮の頂点にあり、北半球の人にとっては、植物の死の季節である冬至に太陽が入る宮であり、最も日が短く闇が長い期間になります。

　それまでの「悪魔」のカードの図像には、両性具有者の姿が多く描かれていましたが、エリファス・レヴィはこのカードが、キリスト教の悪魔であるバフォメットを示すに違いないと結論づけました。そのためエリファス・レ

ヴィは、伝統的な悪魔のカードにギリシャ神話の牧神パンの要素をつけ加え、バフォメット として描いています。牧神パンは官能とユーモアの神ですが、道徳主義である中世のキリスト教会により、快楽は非難されるようになりました。そのため快楽のシンボルであるパンは、闇の力の悪魔と結びつけられたとされています。バフォメットは本来、山羊の頭を持っていますが、トート・タロットでは東方聖堂騎士団における、ロバの頭を持つ悪魔になっています。

　背景に描かれた灰色の網目模様は、繊細かつ複雑に、そしてファンタジックに描かれた狂気です。そして中央に力強く立つ木の幹は、天を貫くほど高く伸び、カードの上部の位置には、ヌイトの胴体の輪がつけられています。そして、その木の根は透明になっています。

　その巨大な木の前に、ヒマラヤ産の山羊であり、神聖な山々に降り立つ牧神パンが立っています。その額の中央には、神秘世界を透視する第三の目があり、神秘的な力を持つ神であることを表します。角は宇宙全体を司るエネルギー運動である螺旋形で、神と同じ力を持つことも示しています。パンが持つ創造的なエネルギーは、彼の前にある棒に象徴されています。それは翼のついた球と、ホルスとオシリスの双子の蛇を乗せているカドゥケウスの杖です。その先は地球の中心へ向かい、際限なく伸び下っているのです。

　このカードに描かれた様々な象徴の中には、崇高なものと堕落したものの両方が込められています。描かれた山羊は牧神の堕落した姿であり、彼は穏やかな幸福感より、粗雑で不愉快な感覚を喜ぶ、いわゆる霊格が低い状態です。酷く嫌悪感をかきたてる状況にあっても、そうした現象の中に喜びを見出すことができるのです。

　このカードは、最も物質的な形の創造エネルギーを表します。また、第三の目により、全ての物事をあるがままに認識することも示しています。

✳ 占い上の意味

　クロウリーは、このカードに「右目にて、自分自身のために全てを創造せよ。

左目にて、他のやり方で創造される全ての物を受け入れよ」という詩を残し、現実の受容を強調しています。現実とは目に見えない精神の世界ではなく、磨羯宮の管轄でもある、目に見える物質化した、現実的な世界を指しています。生命の樹の中では、最下部に存在する「マルクト」の世界です。このカードは、そうした物質的世界における出来事を象徴しています。精神面における管轄では、物質的・現実的世界に依拠する上で生じる快楽や不満、苦しみなどを示しています。崇高な精神性とは、切り離された状態です。

　男性の睾丸をモデルとした、木の根にある二つの球体の中には、精子を想起させる女性4人、男性4人が、牧神パンに向かって何かを訴えるような姿勢を取っています。まるでパンによって、何かの中毒症状に陥っているかのようです。球体から出ない限り、物質的快楽への渇望から逃れることができないのでしょう。

　具体的な意味としては、快楽を求める盲目的な衝動、抑え切れない利己的な野心、快楽への誘惑、強迫観念、秘密の計画、頑固や硬直、晴らすことのできない不満、限界に近い忍耐、現実を直視することなどが挙げられます。

※ 各意味の読み取り例

全体運

ポジティブ
性欲や食欲など、肉体的快楽を楽しむ状態。
現実を美化せず、ありのままに受け入れる。
今の苦しい自分や周囲の状態を、肯定する。

ネガティブ
物質的快楽への、渇望や執着心を持つ。
行き場のない不満やストレスを抱え込む。

恋愛運

ポジティブ
常に相手のことで、頭を一杯にしている状態。
肉体的快楽を得られる、情動的な恋愛関係。
2人の関係を美化せず、現実的に認識する。

ネガティブ
愛情より、性的な関係によりつながる2人。
不安や拘束により、恋愛から離れられない。

仕事運

ポジティブ
ハードな仕事でも、我慢強く取り組み続ける。
人が嫌がる仕事でも、受け入れて取り組む。
収入が目的として、割り切って取り組む仕事。

ネガティブ
ハードな状態が続き、心身状態を悪化させる。
職場の上司や権力者に、逆らえない状態。

対人運

ポジティブ
権力などが元で、周りの人から敬われる状態。
合わない人達とも、忍耐力を持って交際する。

ネガティブ
便利屋にされ、嫌な用事を押しつけられる。

金運

ポジティブ
欲しい物があっても我慢し、貯蓄額を増やす。
頭脳を駆使して、儲ける方法を考え出す。

ネガティブ
欲しい物が多すぎて、誘惑に駆られる状態。

XVI 塔
The Tower

キーワード Keyword

新世界を築くための破滅

ヘブライ文字 Hebrew alphabet

פ（ペー）意味：口

占星術 Astrology

火星

✳ 象徴の解説

　ヘブライ文字では、口を意味するペーに対応し、西洋占星術では火星が支配します。カードの絵柄には、高い塔を中心にして、存在する物全てを火で焼きつくす様子が描かれています。それは壮大極まっている宇宙エネルギーが、地上に顕現する様子でもあり、アテュ「永劫（アイオン）」の前触れの状態を示すとも考えられます。すなわち、新時代である「ホルスの永劫」の構築に向け、その前の「オシリスの永劫」が破壊される状況が描かれているのです。

このカードで最も目立つのは、空で大きく見開かれている、エジプト神のホルスの目です。ホルスの目は、全てを見通す知恵を持ち、守護や魔除けの力があるといわれるほど、強力なパワーを持っています。そしてその目が開かれたときに、宇宙は破滅するというのです。ここでは、ホルスの目が見開かれた瞬間が描かれ、それによって宇宙エネルギーが地上に流れ出し、全てが崩壊しています。

この目の輝きを浴びているのは、オリーブの枝をくわえた鳩と、獅子の頭を持つ蛇である、アブラクサス神です。鳩は平和を象徴し、アブラクサス神は天国の使者であり、これらは人間の欲望の二つの形を表すとされています。

電光や火炎、武器などによって、既成の永劫（アイオン）が破壊されていますが、右下の隅にはローマ神話のプルートーにあたる、ギリシャ神話の冥府の神ハデスの顎があり、塔の土台に向けて、激しく火を噴いています。塔の上から、打ち砕かれた４人の守備隊員達の身体が落ちていますが、その姿は崩れ果てて原形をとどめず、単なる幾何学模様になってしまっています。一見不幸な出来事のように見えますが、実は守備隊達は、組織化され制限された生活という刑務所から解放され、自由になれたといえるのです。

究極の完成は無であるという思想があるように、このカードは存在しているもの全てを崩壊させ、完成に到達することを示します。クロウリーは、このカードは至高の達成を示すアテュの「運命」と、共通点があると述べています。「運命」に描かれた車輪は、開くと宇宙が絶滅するといわれる「シバの目」であり、「ホルスの目」と似た破壊力を携えているのです。

※ 占い上の意味

神聖なホルスの目が開くことによって流れる宇宙エネルギーにより、地上に存在する物質的なものだけではなく、平和や希望までもが打ち砕かれてしまっています。特に人間の建造物である塔は、土台から根底的に破壊され、修復不可能な状態です。これらは全て、新しい時代へ移行するために必要で

105

ある過程を示しています。

　積み上げてきた物事の破壊は、強い衝撃と精神的ショックを受け、その時点においては大変不幸な出来事であると感じられるでしょう。しかしそれは、あくまでも人間の観点であり、宇宙エネルギーにとっては単なる時代の流れの通過点に過ぎません。人類を破滅させるほどの大規模の災害であっても、宇宙にとっては必要な動きであったといえるのです。

　現状を一気に覆されるのは、ときには人間の前進に有意義に働きます。慣れた状況の中で、ぬるま湯に浸かるような日々を送っているだけでは、生の目的とする魂の成長は望めません。また、自己肯定を重ねつつも悪事に手を染め続けてきたのであれば、最も衝撃を受ける形により神からの罰がくだり、矯正させられるのは必須です。「塔」のカードは新しい時代の形成を導くと同時に、固まりつつある観念を打ち砕き、人間に新たな生きる視点を与えるのです。クロウリーは、アテュ「塔」について、「汝の砦である自我を打ち壊せ。汝の真実が、その廃墟から自由を得て立ち上がる」と記述しています。

　具体的な意味は、劇的な変化と強烈な変容、真実へ進むために古いパターンが崩壊すること、古い慣習が取り壊されること、精神的衝撃を受けること、喧嘩や格闘、危険、急死、計画の挫折などが挙げられます。

※ 各意味の読み取り例

全体運

ポジティブ
古い物事を崩壊させ、新世界の土台を築く。
ぬるま湯状態を破壊し、心身を活性化させる。
騙し騙し行っていたことが、大きく覆される。

ネガティブ
予想外の問題が生じ、精神的に衝撃を受ける。
漠然と抱えていた不安が、現実のものとなる。

恋愛運

ポジティブ
異性の本性が分かり、真のトラブルを免れる。
中途半端な気持ちに、白黒はっきりつける。
告白するなど、思い切った行動を取る。

ネガティブ
浮気や不倫など不正行為が周囲にバレる。
相手の浮気などの不正行為が発覚する。

仕事運

ポジティブ
不正が発覚するなど隠れた物事が明確化する。
間違った仕事を取り壊し、クリアにする。
騙し騙し進めた仕事の根本を見直す。

ネガティブ
突然の倒産やリストラなどの憂き目に遭う。
小さなミスが大問題に発展する可能性。

対人運

ポジティブ
溜めていた不満や意見を出してスッキリする。
相手の隠していた本性や嘘がハッキリ見える。

ネガティブ
大喧嘩や口論により、大事な関係が破綻する。

金運

ポジティブ
ギャンブルなどで大当たりをして、驚く。
自分の金銭状況の中の問題点に気がつく。

ネガティブ
盗難や災害により、大損をする可能性がある。

107

XVII 星
The Star

キーワード Keyword

理想や憧れという
純粋な精神性

ヘブライ文字 Hebrew alphabet

ה（ヘー）意味：窓

占星術 Astrology

宝瓶宮

※ 象徴の解説

　ヘブライ文字では、窓を意味するヘーに対応し、西洋占星術では水瓶座に関係しています。このカードに描かれているのは、エジプト神話の夜空の女神ヌイトです。伝説では、ヌイトは日暮れに太陽を飲み込み、夜明けに生み出すと語られ、宇宙に向かっての無限の空間と、無限の星々を象徴するともされています。クロウリーは女神ヌイトを非常に重視し、テレマ教では第一神の役割を果たすという、極めて重要な意味を持たせました。クロウリーの著書『法の書』の中のヌイトは、無限を示すウロボロスのもう一つの象徴で

あり、「至福の連続」という意味を持つとされています。また、南の神である
ハディトに対して、ヌイトを北の女神と名称づけています。女神ヌイトはア
テュ「永劫（アイオン）」の中にも登場しますが、そこでは一般的な姿と同様、
天を取り巻く姿で描かれています。アテュ「星」の中のヌイトは、純粋な形
態として、擬人化されているのです。

　女神ヌイトは二つの杯を持ち、頭上に高く掲げた金色の杯からは、天空の
水と呼ばれる液体を、自分の頭に注いでいます。その行為は、永遠に続く新
鮮さや、無限の可能性を象徴しています。左手には銀の杯を持ち、そこから
は彼女の命である不老不死の酒を、大地とビナーの海の接点に注いでいます。
その不老不死の酒とは、錬金術における万能薬であり、聖杯の血であり、神
の酒であるネクタールです。

　右下にあるいくつかの薔薇は、ビナーの偉大なる海を象徴しています。ヌ
イトの長く伸びた髪の先は、渦巻いてクリスタルのような形態の雲と化し、
海と大地の間に存在している「深淵」を隠しています。

　ヌイトの背景には、大きな丸い天空儀があり、その中で七芒星として輝き
螺旋状の光線を放っているのは、愛と美の星である金星です。カードの左
上に大きく輝く七芒星は、ベイバロンの星と呼ばれています。クロウリーは、
アテュ「欲望」における娼婦である聖母ベイバロンは、女神ヌイトの原形が
具現化したものであると述べています。掲げた杯の中の水にも小さな青い七
芒星があり、これら三つの星からは全て、精神の光が螺旋状になって放射さ
れています。このカードの中に描かれたエネルギーは全て螺旋状であり、そ
れはアインシュタインが計算によって導き出した、宇宙の基本的な運動エネ
ルギーの形であるのです。

❋ 占い上の意味

　夜空の女神ヌイトを擬人化した姿が描かれた、非常に美しく幻想的なカー
ドです。また、ここに描かれている世界は、物質的かつ現実的な地球上では

なく、遥かなる宇宙を渦巻く精神エネルギーが主体となっています。一つ前のアテュ「塔」が示す地上における壊滅の後、神聖であり絶対的である宇宙エネルギーがヌイトの手により地上に注がれ、浄化されていく場面であるといってもいいでしょう。

　人間の真の幸福は、精神的に浄化され、満たされていることであるといえます。しかし、肉体を持つ多くの人間は、俗物的な成功や物質的な富を幸せであると捉え、いつまでもそれらを追い続けて、欲望が完全に満たされることはありません。

　この「星」は、真の精神的幸福を示すのですが、それは物質的、現実的な幸福には関与していません。そのため、人間にとってこのカードは現時点の幸福ではなく、「いつか物質化として訪れるはずの希望」として映るのです。

　具体的な意味には、夢や希望、可能性の実現への期待感が高まること、夢心地な状態などが挙げられます。クロウリーは、それ以外にはハッキリとした幻視、霊的洞察力、予期せざる援助という意味も与えています。また、高次の視点からでは、「何が起ころうとも、それは宇宙の法則により正しく運行される」とする、「真の信頼」を意味することもあります。

　ネガティブな意味が強調されると、状況が理想通りに進まないことによる失望、責任逃れが目的の利己的な希望、幻想の世界に埋没して現実逃避すること、世間知らずな状態などが挙げられます。

❉ 各意味の読み取り例

全体運

ポジティブ
未来への夢や希望が高まっている状態。
浄化された、美しく澄み切った精神状態。
起こる出来事は正しいと信頼している状態。

ネガティブ
汗を流さず楽をして夢が叶うことを期待する。
現実逃避が目的で、幻想の世界にはまり込む。

恋愛運

ポジティブ
肉体的関係より、精神のつながりを重視する。
運命の流れを全体的に信頼して、待機する。
恋愛に関して、確固たる理想像が存在する。

ネガティブ
恋愛を美化し、理想的な展開を夢想する状態。
実体のない相手に恋愛感情を持つ。

仕事運

ポジティブ
豊かな感受性と創造性を、仕事に活かせる。
大きな夢や理想を掲げ、仕事に取り組む。
仕事への正しい理念や方針を持っている。

ネガティブ
現実離れした夢や目標が、足かせになる。
理想は高くても自分に甘く、努力を放棄する。

対人運

ポジティブ
全ての人達に、純粋で安らいだ感情を持つ。
尊敬する人や人格が高い人と縁ができる。

ネガティブ
周囲の人を美化して、現実を見落とす。

金運

ポジティブ
金銭的豊かさより、精神的満足感を重視する。
金銭に対する明確な夢や目標がある。

ネガティブ
楽して儲けようとして、騙されやすい状態。

XVIII 月
THE MOON

キーワード Keyword
無意識の領域や不可知なもの

ヘブライ文字 Hebrew alphabet
ק（クォフ）意味：後頭部

占星術 Astrology
双魚宮

※ 象徴の解説

　ヘブライ文字では、頭の後ろ側を示すクォフに対応し、小脳の潜在能力と関係するとされています。西洋占星術では、双魚宮に配属されます。双魚宮に太陽が通過するのは、冬の最後の時期であり、陰が極まっている状態です。そのため、時間帯では同じく陰が極まる真夜中に対応しています。ようやく陰から抜け出す段階に入ることと、門が中心にある絵柄であることから、このカードは「復活の入り口」と呼ばれる場合もあります。

　このカード全体の光景は、不気味な雰囲気を醸し出しています。カード上

部の月の下と、カード下部の水面下には、血の色が混入したリンパ液の流れが見えます。その血の源流は、二つの塔とかぶさる高い二つの山の間の裂け目にあり、血は水面下へと流れ落ちています。空中では不純物を含んだ血が9滴、ヨッドの文字のような形の雫になり、月から源流へと滴り落ちています。

そうした不気味な薄明りの風景の中、見張り役として入り口に立つ一対の神は、エジプト神話の冥界の神、アヌビス神です。アヌビス神の足元には、本物のジャッカルも見張りについており、神を意識しない者に襲いかかり、その死体をむさぼり食おうと待ち構えています。

このカードには、月を象徴する存在の中でも、低い地位の化身が表れているとされています。空にあるのは、魔術や忌まわしい行いに適した、欠けてゆく月です。門から続くこの道は、妖術が持つ不浄なパワーにより、守りが固められています。

カードの下部は水中であり、その水底には日の出の神とされる聖なる甲虫、エジプトのケフラが、太陽の円盤を挟んで待機しています。このケフラの力により、冬と闇の中で、太陽が抑えられているのです。

二つの高い塔は、戦慄や恐怖が顕現した姿です。長年積み重ねられてきた憎悪や不満が月の表面を暗くし、門を通過してこの道を歩き出すためには、大変な勇気が必要です。空は無風であり、月光は僅かに道を照らすのみで、道を探っていくためには、視覚と聴覚以外の五感に頼らなければなりません。

この門は復活の入り口であると同時に、生と死の入り口でもあります。静寂は野獣の遠吠えによって破られ、不気味なムードを強めます。この空間全てが曖昧としていて神秘的、陶酔的ですが、決して浪漫的な陶酔ではなく、漂っているのは恐ろしい狂気です。有害な薬物に触れたように精神が不安定になり、現実的感覚を見失っていくのです。

※ 占い上の意味

まるで深夜に見る夢の一場面のようなこのカードの絵柄は、ただ見つめて

いるだけで、潜在意識に封じ込めた遠い過去の不安や憎しみなどのネガティブな感情を、引き出させる波動を持っています。静寂な闇の中に存在する、血の源流でもある遠くへ続く道の先には、何が待ち構えているのか皆目見当がつきません。その恐れや不安は、人間が不確かな未来に対して抱える恐れや不安とも一致しています。

そうした暗闇の中であっても、水面下では聖なる甲虫ケフラが下顎に太陽を挟み、静かにときが訪れるのを待っています。陰が極まれば陽に転ずるとし、夜明けはもう目前に迫っているといえるでしょう。

このカードの具体的な意味は、神秘的あるいは隠れたもの、目に見えない世界についての全般を司っています。人間が持つ無意識の領域や、未知もしくは不可知なものも示しています。特に霊的な影響について、このカードは強く示します。

それ以外には、欺瞞や嘘偽り、誤解や誤謬、幻影、潜在意識からくる不安や恐れ、狂気、重大変化の瀬戸際などという意味が挙げられます。

※ 各意味の読み取り例

全体運

ポジティブ
的確な霊感や直観により、真実を理解する。
潜在意識で抱える感情が、クリアになる。
自分が進むべき方向が、次第に見えてくる。

ネガティブ
決断や進行に対して、不安や恐怖が湧く状態。
感情に振り回され、現実を直視できない状態。

恋愛運

ポジティブ
恋の進行や選定に関する迷いが消えていく。
少しずつ様子を見ながら、進行していく恋愛。
相手の気持ちを考えすぎ、誤解する可能性。

ネガティブ
複数の異性に気が向き、一人に絞れない状態。
不倫や三角関係など、未来が見えない恋愛。

仕事運

ポジティブ
迷いが多い中でも、少しずつ前進していく。
もう少し頑張れば、成果が表れてくる段階。
人の心理や霊感に関する仕事への適性。

ネガティブ
不安や戸惑いが多く、集中できない状態。
妄想や空想が強く、現実を把握できない。

対人運

ポジティブ
人の心を読みながら、上手に交際していく。
深入りせず、つかず離れずの交際をする。

ネガティブ
相手の気持ちを考えすぎる、不安の多い交際。

金運

ポジティブ
不安定だった金銭状況が、次第に明るくなる。
金銭への危機感が、節約意識を呼び込む。

ネガティブ
精神的不安の解消のために、お金をつぎ込む。

XIX 太陽
The Sun

キーワード Keyword

純粋無垢で
開放的なエネルギー

ヘブライ文字 Hebrew alphabet

ר（レシュ）意味：頭

占星術 Astrology

太陽

※ **象徴の解説**

　このカードは、単純明快さを持つカードの一つです。ヘブライ文字では、頭という意味を持つレシュが対応し、西洋占星術では太陽が対応しています。クロウリーは、このカードは「一輪の薔薇を添えた、緑色の山の上にある太陽を表す」と記述しています。このカードに描かれているのは、エジプト神ヘル＝ラ＝ハであり、それはホルスの象徴です。すなわち新しいホルスの永劫（アイオン）の主が、12本の光線を持つ太陽として、姿を見せている様子が描かれているのです。ヘル＝ラ＝ハは、光や自由、愛の神であり、カード

の意味として、太陽が持つ精神性や道徳性を中心に示しています。

　薔薇は、薔薇十字団の象徴として神聖視されており、宇宙の神秘の中枢や、太陽自体を示す存在です。カードの太陽の中央に薔薇が描かれているのは、太陽の影響力によって開花していることを表しています。

　絵の外周には、黄道十二宮が正しい順序と位置で配置されています。この十二宮は、エジプト神話の夜空の女神ヌイトの身体を引き延ばしたものです。本来、ヌイトは次のアテュ「永劫（アイオン）」に描かれているように、夜空として全身に星が描かれるだけの姿で表現されるのですが、ここでは虹色の帯の中に十二宮の象徴画が加えられ、子供らしい純真さと無邪気さのある表現で、愛らしく描かれています。

　緑色に染まった小さな山は、豊穣な大地を表しています。この山は太陽に届こうとせんばかりの形をしていますが、その頂上周辺は赤い壁で囲まれ、ある程度の制約がかけられています。

　山のふもとには、男女の双子の子供がいます。この双子は、ここまでアテュ「愚者」や「恋人」で、姿を変えて登場してきました。この男女の双子は、永遠の若さや純粋無垢、自由奔放さなどを表しています。まだ生まれたばかりで、全く穢れがない状態です。この双子は壁の外側にいて踊っていることから、社会的規範や枠組みに全く関与していない、制限のない状況にいることを示しています。この双子は、人類が到達すべきとする次の段階を表しているのです。双子の足元にはそれぞれ、前代のオシリスの永劫の神聖な印である、薔薇と十字の組み合わせが落ちています。

　小さな山は、いつか緑色から赤色に変わり、逆に壁は赤色から、青色や緑色に変わるとされます。これは、文明の進歩によって生じた難題を解決することが、新しい永劫の調整に役立つことを示すと、クロウリーは述べています。

117

※ 占い上の意味

　四方八方に光線を広げる太陽と、山の上で無邪気に踊る双子の男女は一体化し、共通のイメージを持っています。また、外周の黄道十二宮は一時期は分断されていますが、それが一つの太陽から発する光線により、同一のものへと統合され、1本の虹でつながっています。異質なものが溶け合い、同質のものへと変化しているのです。それらと対照的なのは、山の頂を取り囲む壁です。このカードは、全体的な統合や創造、そして壁が示す制限という、二つのテーマを携えています。そして輝く太陽光が示す統合や創造の方に、強くスポットが当たっているのです。

　心を閉ざさず、この太陽光のように周囲に開放し、創造的エネルギーを表に打ち出し、外に向かって輝き出すことを促しています。それによって周囲と真に和合し、創造力や意識が拡大していくのです。それは、様々な歓喜や発展につながるでしょう。しかしそうした状況の中で、赤い壁が伸展を阻んでいることも否めません。ときにはこの壁が心のブロックとして、意識や行動に制限をかけることもあるでしょう。

　それ以外の具体的な意味には、素直さや真実、表明や喜び、栄光や勝利、病気の回復などが挙げられます。全て、明るい光が燦々と降り注ぐイメージです。

　ネガティブな意味が強調されると、虚栄や傲慢、恥知らず、警戒心のなさによるトラブルなどが表出されます。また、絵柄の壁が強調されていると感じる場合は、心のブロックを含めた何かしらの規制や制限により、開放や伸展に歯止めがかかると読み取れます。

※ 各意味の読み取り例

全体運

ポジティブ
開放感あふれる屈託のない精神状態。
手放しで心から喜べる状態が訪れる。
創造エネルギーの行使による成功や発展。

ネガティブ
心にブロックがあり、行動が制限される。
自信過剰や自意識過剰が失敗を招く。

恋愛運

ポジティブ
大勢から祝福されるオープンな交際や結婚。
相手に心が伝わり、恋愛交際や結婚に進む。
屋外デートが多い、明るく楽しい恋愛。

ネガティブ
奔放すぎて、異性への細かい気遣いに欠ける。
恋の理想を高く持ちすぎている状態。

仕事運

ポジティブ
目立つ活躍をして、社会的に有名になる。
高い目標を達成し、社内などで表彰される。
全員で力を合わせ、楽しみながら成果を出す。

ネガティブ
虚栄や傲慢により、質を高める努力をしない。
心にブロックがあり、大成功を拒否する傾向。

対人運

ポジティブ
隠し事のない、子供のようにオープンな交際。
笑い声が絶えない、楽しく豊かな人間関係。

ネガティブ
警戒心のなさが、思わぬ対人トラブルを招く。

金運

ポジティブ
念願の物を買うなど、金銭目標を達成する。
ギャンブルなどで、一獲千金が実現する。

ネガティブ
後先を考えず、思いつくままに散財する。

XX 永劫
THE AEON

キーワード Keyword

時代の移り変わりの段階

ヘブライ文字 Hebrew alphabet

ש（シン）意味：歯

占星術 Astrology

火の元素

※ 象徴の解説

　一般的なタロット・デッキでは、20番目の大アルカナは「審判」と呼ばれ、キリスト教における有名な一場面が描かれています。しかし、トート・タロットにおいては名称を「永劫（アイオン）」と改め、キリスト教色を払拭しています。このカードの変換は、トート・タロットの大きな特徴であるといえるでしょう。

　「アレイスター・クロウリーについて」の項目でも記載しましたが、「永劫」とは、グノーシス用語で「至高神」を意味し、クロウリーのテレマ教では一

周期とした約2千年を、永劫と名づけています。多神教の期間を「イシスの永劫」、キリスト教などの一神教の期間を「オシリスの永劫」と称し、クロウリーが天使エイワスから「法の書」を授かった1904年から、「ホルスの永劫」に入っているとされています。

ヘブライ文字では歯を意味するシンに対応し、西洋占星術では火の元素が配属されています。このカードの上部外周には、天に沿って覆いかぶさるように、エジプト神話の無限の空間と無限の星々を象徴する、夜空の女神ヌイトの姿があります。北の女神であるヌイトに対する南の神であるハディトは、ヌイトの配偶者です。この両者の間に生まれたのが太陽神ホルスで、彼はヘル＝ラ＝ハという呼び名で知られ、外交性と内向性の二重神格を持っています。それと同時に、アテュ「太陽」でも示されているように、太陽的性格も持っているのです。

カードの中では、中央の奥と手前に2つの姿でホルス神が描かれており、それぞれ外交性と内向性が分けられた姿と考えられます。中央の奥に描かれたホルスは、頭上に永遠のエネルギーである火の球として描かれたハディトを携え、王座に腰かけています。こちらのホルスは、既に新たな永劫を支配しているのです。もう一体のホルスは、まだ生まれたばかりの童神であり、半透明の姿でカードの前面に描かれています。

カードの最下部には、ヘブライ文字のシンが、花の形で描かれています。その先端の3個のヨッドの中にはそれぞれ、新しい永劫の真髄に触れたいと願う人間が入り込んでいます。その上方にも、ハディトを表す燃える火の球がありますが、それには推進力を象徴する大きな羽根がつけられています。

無限の空間はヌイトであり、無限小で普遍的な点はハディトであり、これら相反した二つの結合であるホルスの外交的な形は、ラ＝ホール＝クイトと呼ばれ、全てを内包し全てを率いる統一を示します。統一は意識を超越し、ホルスの永劫が誕生するのです。

121

✳ 占い上の意味

　一般的なタロット・デッキの「審判」は、神的なエネルギーを発揮しますが、この「永劫（アイオン）」においても同様です。約2千年間続く、クロウリーのテレマ教の時代であるホルスの永劫を強調したこのカードは、高次の意識を示すといえるでしょう。短いスパンや些細な日常の出来事を示すのではなく、広大な範囲を見渡す規模の大きさを持ちます。過去であれば、過去全般に対して、未来であれば、未来全般に対して影響を与えます。人生全般を見通すような、広い視野と長いスパンを携えているのです。一つの時代を示すカードであるともいえるでしょう。

　具体的な意味としては、広大な視野が得られて小さなことにこだわらない状態、自我に囚われず、物事を高次の視点から見ることによって得られる気づきや判断、その上で自身の精神性が成長を遂げることや、新しい時代を迎えること、すなわち全く新しい方向へ動き出すことなどを暗示します。高次の意識、すなわち神が与える気づきにより、人生の流れが変わっていくことを示しているといえるのです。自分自身の、時代の移り変わりの段階に入っているといえるでしょう。

　ネガティブなイメージが強調されると、視野が広すぎて細部に無頓着になること、訪れる波が巨大であるため、日常ではその変化を感じにくいことなどが挙げられます。ただし、全ては神の意志によるものですから、決して間違いであるとはいえないのです。

※ 各意味の読み取り例

全体運

ポジティブ
自分の人生に必要な、大規模な出来事。
時代の移り変わりの段階に入っている。
自我に囚われない、高次からの視点を持つ。

ネガティブ
視野が広すぎて、細かい部分を見落とす。
自分の意志ではなく、神の意志による動き。

恋愛運

ポジティブ
前世からの縁など、時代を超えた恋愛。
情愛ではなく、恋愛感情を超越した人間愛。
運命的な結婚により、家庭を築く。

ネガティブ
人生観に意識が向き、恋愛に無関心になる。
恋愛に壮大なものを求めすぎ、立ち往生する。

仕事運

ポジティブ
神の意志による、次の時代を築く壮大な仕事。
自分の人生を賭けるような、大規模な仕事。
社会に神の意志をもたらすような仕事。

ネガティブ
大規模すぎて、自分の意志では動かせない。
自分の意志よりも、大勢の意志が反映される。

対人運

ポジティブ
自分の人生を変えるような、運命的な仲間。
前世からの縁など、強い結びつきがある関係。

ネガティブ
人間関係の大きな渦に、巻きこまれやすい。

金運

ポジティブ
人生が変わるような、大きな収入がある。
不動産など生涯使える財産を手に入れる。

ネガティブ
金銭感覚が大雑把になり、派手に散財する。

XXI 宇宙
The Universe

キーワード Keyword

必然的な完結を迎える

ヘブライ文字 Hebrew alphabet

ת（タウ）意味：十字架の印

占星術 Astrology

土星

※ 象徴の解説

　アテュの中で最後のカードであるため、最初のアテュ「愚者」の補完役になるとされます。「愚者」がヘブライ文字の最初のアレフに対応していたのに対して、「宇宙」はヘブライ文字の最後である、タウに対応しています。これは、最初は無であり、最後も無となることを示しています。タウは十字の印を意味し、西洋占星術では7惑星の最も外側にあり鈍重な星である、土星に属します。「愚者」が錬金術などにおける「大いなる業（わざ）」の始まりの象徴であり、「宇宙」はその業の完成や達成の形が描かれているとされています。

カードの中央で乙女が踊り、その踊りの相手はホルスの別名であり、アテュ「太陽」に登場しているヘル＝ラ＝ハです。彼女は両手でホルスが持つ能動性と受容性の両者を、巧みに操っています。

カードの四隅には、エゼキエル書の幻視とヨハネの黙示録に出てくる四聖獣ケルビムが描かれ、四元素が揃ったことで、宇宙が完成されていることを示しています。アテュ「神官」では空虚な表情をしていたケルビムは、ここでは川のようにエネルギーを吐き出し、ユーモラスで豊かな表情をしています。その周りには、72個の円が組み合わされてできた大きな楕円が一つあり、宇宙のような輝きを見せています。72という数は、黄道十二宮を5度で分割して合わせた数であり、シェムハムフォラシュ（ShemhamephoraSh）という、聖書の「出エジプト記」で、モーセが紅海を渡るときに唱えた72種類の神の名からきています。カードの下部には神殿の建築骨組図が描かれており、それは92個の化学元素を表し、階層順に配置されているとしています。

絵の中央には生命の樹が置かれていますが、それは純粋無垢な心の持ち主だけしか見ることができません。地球は豊かであり鮮明な緑色で、真夜中の空の色であるベルベットの青色と美しいコントラストをなし、土星を藍色に染めています。中央で踊る乙女は、ここを通って神に向かっていきます。この「宇宙」のカードは、他のどのカードよりも明るく、鮮やかな色彩を放っています。

クロウリーは、このカードの学び方については、カードを通して長い間瞑想することが大事であると記述しています。

❋ 占い上の意味

大アルカナの中では最後のカードであり、一般的なタロット・デッキでは「完結」や「完成」という意味が与えられていますが、トート・タロットのアテュ「宇宙」も例外ではありません。クロウリーの「大いなる業」とは、主にある物質やエネルギーを変成させて完成させることを示しますが、「愚者」からス

タートした「大いなる業」への探求の旅は、この最後の「宇宙」によって完成し、結実するのです。「宇宙」は、そうした成果の顕現を示しています。それも決して頭脳や手腕を駆使して創出された成果ではなく、本来そこにたどり着くべきであったという、宇宙の法則による必然的な帰結を示します。はじめから最後まで、そこにたどり着く以外の結果は存在していなかったのです。

　そうしたことから、このカードには、あらゆる探求の旅における必然的な完結を迎えること、良くも悪くも避けられない結果に到達すること、最終的な結論を下せる状態にたどり着くことなどの意味があります。また、配属されている土星の性質から、困難に対する不屈の精神などの意味も読み取ることができます。

　それ以外には、物事の統合、事件の終了、問題の本質、辛抱、忍耐という意味も与えられています。ネガティブなイメージが強調されると、自己完結してしまう頑固さや抵抗、独りで何でも進めること、惰性などの意味が表れます。そうした自己完結は、乙女が狭い輪の中で踊っている姿からも、イメージすることができるでしょう。

❋ 各意味の読み取り例

全体運

ポジティブ
物事が完成され、深い満足感を味わう。
宇宙の法則により決められた結果を得る。
必要なものは全て揃った、満足できる状態。

ネガティブ
物事が完結し、何も取り入れられない状態。
全て自己完結し、周囲を必要としない状態。

恋愛運

ポジティブ
結婚など、最高に満足できる結末を迎える。
心から愛し合える、幸福感に満たされた状態。
肉体面より、精神的なつながりが強い恋愛。

ネガティブ
脳内恋愛をして、現実が見えていない状態。
ネット恋愛などバーチャルに近い恋愛状況。

仕事運

ポジティブ
長く続けてきた事業を完成させる。
円満退職など、良い結末を迎える。
自分独自の能力を、最大限に発揮できる。

ネガティブ
周囲に頼らず、全て自己流で進めようとする。
仕事が完結し、これ以上発展しようがない。

対人運

ポジティブ
本心を出し合い、精神的な絆を強められる。
尊敬できる魅力的な人や仲間と縁ができる。

ネガティブ
独りでも満足できるため、孤立しやすい状態。

金運

ポジティブ
豊かな財産があるなど、深く満足できる状態。
自分の能力を駆使して、しっかりと稼げる。

ネガティブ
財産を使わず、貯め込むことで満足する。

2 小アルカナ

（1）小アルカナについて

　小アルカナは全部で56枚あり、それらは「棒」、「杯」、「剣」、「円盤」という、それぞれ火・水・風・地の四元素を司る四つのスートに、各14枚ずつ均等に分けられます。また、「騎士」、「女王」、「王子」、「王女」の4種からなる16枚の「コート・カード」と、数字の1（エース）から10までの番号がつけられた数札である、40枚の「スモール・カード」の2種に分けることもできます。

棒［WAND］

　四元素の中の、男性的で能動的な性質を持つ火を司り、燃え上がるような情熱など、生き生きとした精神性を示します。未来志向型で、目標に向かって突き進む勢いを持ちますが、火は燃えつきるように、飽きやすい傾向もあります。宇宙がビッグバンという激しい火の球から生じたように、四元素の中で最も原初的エネルギーであり、神の性質に近い元素です。よって棒のスートは、四つの中では生命の樹で一番高い位置である、「コクマー」に配属されています。ちなみに火の元素全般に関しては、「ケテル」が対応しています。

　棒のスモール・カードでは、「5」までは数字が大きくなるごとに火が持つ精神性は減退し、現実味が増していきます。そして「6」に入ると霊性を帯び始め、「9」は霊性化され安定した状態になり、「10」になると物質化し、火の性質は隅に押しやられるとされています。

杯 [CUP]

　四元素の中の、女性的で受動的な性質を持つ水を司り、愛を含めた深みの
ある情緒や情感を示します。感受性が豊かで、他者との心のつながりを求める
性質です。また、過去を重視し、過去を美化して執着する面もあります。四元
素の中では２番目に神の性質に近い元素であり、よって「杯」のスートは、棒
が配属されている「コクマー」の次に生まれた「ビナー」に配属されています。
ちなみに水の元素全般に関しては、「コクマー」と「ビナー」の二つのセフィロ
トが対応しています。

　杯のスモール・カードでは、「エース」から順に数字が大きくなるにつれて、
徐々に純粋さを減らしていくとされています。

剣 [SWORD]

　四元素の中の、男性的で能動的な性質を持つ風を司り、人間が持つ思考や
知識、言葉などを示します。剣が人を傷つけたり、剣で切り分けることが分析
を想起させたりすることなどから、合理的かつ冷淡で、ネガティブな意味合い
を持つカードが多くなっています。四元素の中では３番目に神の性質に近い元
素であり、よって剣のスートは、四つの中では生命の樹のほぼ中央に位置する
「ティファレト」に配属されています。ちなみに風の元素全般に関しては、４の
「ケセド」から９の「イェソド」までの六つのセフィロトが対応しています。

円盤 [DISK]

　四元素の中の、女性的で受動的な性質を持つ地を司り、金銭や物質など地
球上にある目に見えるもの全てや、五感を示します。他のタロット・デッキでは、
「金貨」や「ペンタクルス」という名称が与えられていますが、トート・タロッ

トでは物質的な印象を薄めるべく、回転の象徴である「円盤」を採用しています。

　四元素の中では最後に現れ、最も神の性質と離れた元素です。従って円盤の
スートは、生命の樹の最下部に位置する「マルクト」に配属されています。ち
なみに地の元素全般に関しても、同様に「マルクト」のみが対応しています。
古代人は、火、水、風を純粋な基本的要素と考えたことから、円盤と同じく地
の性質を持つ「王女」だけは、占星術における対応が避けられています。この
ように、地の元素が持つ地位の低さが強調されています。

　円盤のスモール・カードでは、数字が大きくなるごとに物質化の傾向が強ま
り、「7」以降に描かれた円盤はほぼ金貨の形態を持ち、俗性を強めています。

　「コート・カード」と「スモール・カード」では、「コート・カード」が持つ
パワーの方が強く、全てのカードが持つパワーの強さを比べて強い順に並べ
ると、「アテュ」→「コート・カード」→「スモール・カードの各エース」→「そ
の他のスモール・カード」、という順番になります。その中でも、コート・カー
ドは「騎士」→「女王」→「王子」→「王女」の順となり、エース以外のス
モール・カードは、基本的には数字の大きい方から小さい方へ、つまり「10」
から「2」へという順番になります。

　22枚のアテュには様々な神秘的象徴が盛り込まれ、絵柄も複雑なものと
なっていますが、それに比べて小アルカナに盛り込まれた象徴は少なく、絵
柄も比較的分かりやすくてシンプルです。アテュだけの22枚で占うことも可
能ですが、小アルカナはそれほど強いパワーがないため、小アルカナだけで
占うことには、あまり適していません。

　しかし、アテュはエネルギーが強い分だけ1枚の中でも多様な意味合いを
含み、全体像を把握することは容易ですが、細かく具体的な事象を読み取る
ことは困難です。それに対して、小アルカナは大きな流れを読み取ることが
困難ですが、細かく具体的な事象を読み取ることは、比較的得意としていま

す。ですからできるだけ、78枚のフル・デッキを使って占うことを推奨します。

（2）コート・カードについて

トート・タロットにおける「コート・カード」は、四大元素だけではなく、神の名である יהוה（テトラグラマトン）が持つ力も合わせて分析し、絵で表したものであるとしています。また、各カードが黄道十二宮に分けられて配置されている点も、大きな特徴です。その割り当てられている範囲とは、30度の範囲を持つ一つの宮を三分割し、ある宮の最後の10度とされる第3デークから始まり、その次の宮の20度までの第2デークまで、と設定されています。何故こうした複雑な範囲なのかというと、クロウリーは、「四大元素の世界では全てのものが混ざり合い、全てのものが拮抗しながら釣り合っているため」と述べています。しかし、4枚の「王女」だけは、こうした配属はなされていません。

また、カテゴリ分けされた人物が描かれているコート・カードは、人物のタイプを知るのに適しているとも指摘しています。コート・カードは基本的に、どのカードも人物像を表しています。また、その人物がホロスコープ上に持つ太陽の位置と、各カードが配属されている度数とか関係づけられます。例えば10月12日生まれの人は、太陽が天秤宮の18度付近にあり、「剣の女王」の要素を多く持っていると判断することができます。

各スートの［騎士］

神の名テトラグラマトンの最初の文字の、י（ヨッド）の力を表し、生命の樹では「コクマー」に対応します。全ての騎士が、四元素の中では火を司ります。騎士は四元素のエネルギーの中の、最も根源的で勢いがある部分を司ります。そのため騎士は馬に乗り、完全武装をしているのです。その行動は素早く瞬間的ですが、力強さと大胆さ、強い勢いを持っています。人物像としては、成人

した男性を象徴します。しかし、人物像以外における占い上の意味では、決して男性に関することと限定している訳ではありません。能動的エネルギーであることを意味しています。

各スートの［女王］

　神の名テトラグラマトンの２番目の文字のה（ヘー）を表し、生命の樹では「ビナー」に対応します。全ての女王が、四元素の中では水を司ります。女王は同じスートの騎士を補完する形になり、騎士が外に放つエネルギーを受け入れ、それを自分の中で熟成させて、再び外へと送り出します。王座に座っているのは、行動範囲にある程度の制限があり、女王の役割が決まっていることを示しています。人物像としては、成人した女性を象徴します。しかし、人物像以外における占い上の意味では、決して女性に関することと限定している訳ではなく、受け身のエネルギーであることを意味しています。

各スートの［王子］

　神の名テトラグラマトンの３番目の文字のו（ヴァウ）を表し、生命の樹では「ティファレト」に対応します。全ての王子が、四元素の中では風を司ります。王子は全て、同じスートの騎士と女王の息子であり、「コクマー」と「ビナー」という、両親が合体したあふれるエネルギーからの流出体です。自分の四元素に関する聖獣に引かせた乗り物に乗り、両親の結合したパワーを発揮するべく、力強く前進しています。人物像としては、成人していない若い男性を象徴します。しかし、人物像以外における占い上の意味では、決して若い男性に関することと限定している訳ではありません。若い能動的エネルギーであることを意味しています。

132

各スートの [王女]

　神の名テトラグラマトンの末尾のπ（ヘー）を表し、生命の樹では「マルクト」に対応します。全ての王女が、四元素の中では地を司ります。各スートが司る四元素エネルギーの具体化や物質化という、最後の段階での流出と顕現を表します。物質エネルギーが強い王女だけは、黄道十二宮に属しておらず、それよりも低い位置にある天空を支配するとされています。責任感が欠如していて精神的には痛烈さに欠けるとし、人物像としては、成人していない若い女性を象徴します。しかし、人物像以外における占い上の意味では、決して若い女性に関することと限定している訳ではなく、受け身の幼いエネルギーであることを意味しています。

　王女が存在しているところに王子が現れ、王女を勝ち取って結婚します。すると王子は騎士となり、同時に王女は女王となります。そして騎士と女王の間に王子が誕生し……というように、循環していくのです。女王はときに、未亡人になることもあります。

（3）スモール・カードについて

各スートの [エース]

　各スートが持つ元素の根源的エネルギーを表し、生命の樹では、最高点の「ケテル」に対応します。「エース」はスモール・カードの中で最も純粋で強力なエネルギーを持ち、他のスモール・カードとは別物といってもいいほど、遥かに高い位置にあります。「エース」はスモール・カードと、コート・カードの架け橋であり、「王女」との間に環を形成するとしています。「ケテル」は5番目

の元素であり、四元素を支配する霊を表すことから、「エース」は四元素が生じる前の段階の、元素の根源を示すとされています。

各スートの［２］

　生命の樹では、四元素の最初の顕現である「コクマー」に対応しています。それぞれの元素が形を取って表れる、最初の場所になります。まだ赤ん坊のような、純粋で邪気のない素直な形態であり、周囲の悪い影響に汚されることもありません。そのため、「２」では四元素は、調和してバランスの取れた状態を表しています。

各スートの［３］

　生命の樹では、理解を意味する「ビナー」に対応しています。そのため、各スートの「３」には「理解」の象徴が描かれているとしています。二つの点が三つとなって、三角形が形成されます。各元素が持つ観念が豊かになり、安定感が増していきます。

各スートの［４］

　生命の樹では、「ケセド」に配属されています。「ケセド」は「ダァト」と呼ばれる位置の高さに存在する深淵の下にあり、より現実的感覚が強まり、各元素が固体化、物質化されていくことを意味しています。点が増えて三角形から四角形へと変わり、最高の安定の形を得られるのです。クロウリーは、「４は新しい時代の『法』の支配を示す」と記述しています。

134

各スートの［５］

　生命の樹では、「ゲブラー」に対応しています。運動という観念を表すと同時に、峻厳という左の厳しい柱に移行します。そのため、「４」で静止して安定していた体系が、ここで大きく揺さぶられ、覆されます。落ち着いていた状況の中に、動揺と緊張が現れるのです。しかし、まだ数字も若いことから、極度にネガティブな状況を示すほどの強さはありません。少々気分を害する程度の感情を示すとしています。

各スートの［６］

　生命の樹では、体系の中心にある「ティファレト」に対応しており、それは全てのセフィロトの中で最も重要であるとされています。

　「ティファレト」は、「ダァト」と呼ばれる位置の高さに存在する深淵の下にありながらも、純粋な力を持つ「ケテル」と直接通じる、唯一のセフィラです。そして生命の樹の中で、バランスが取れた位置に存在しています。太陽系の中では、「ティファレト」は太陽を表します。生命の樹の中で最大の調和を保つ「ティファレト」に対応する各スートの「６」では、それぞれの元素が最高の状態を形作っているのです。

各スートの［７］

　生命の樹では、「ネツァク」に対応しています。中央の柱にある「ティファレト」から離れて慈悲の柱に移動し、バランスを崩した上に、生命の樹のかなり低い位置に存在しています。慈悲の柱の影響が、極端な弱さとして表れ、ここでは安心感を得ることができません。そのため、各スートの「７」はそれぞれ、その元素が堕落した様子を表しています。

各スートの [8]

　生命の樹では、「ホド」に配属されています。「ホド」は「7」の「ネツァク」と同じ高さにあり、各スートの「7」と同じように、独自の欠陥が見られます。しかし、各スートの「8」は「7」に比べると若干欠陥の重さが軽減されていて、各スートの「7」の補助や援助をするために、「8」が存在すると考えることもできます。「7」の状態を通して得た、対策や対応を示すといえるでしょう。従って各スートの「8」は決してポジティブな状態を示す訳ではありませんが、根本的には大きな問題を抱えてはいないといえます。

各スートの [9]

　生命の樹では、「イェソド」に配属されています。「6」のティファレト以来、再び中央の柱に戻ります。生命の樹のかなり下方の、最後から2番目のセフィラであるということから、上から降りてきたエネルギーが結晶化する地点であるといえます。各スートの「9」のカードは、元素の力によって強い衝撃を与え、各元素が持つ力を最大限に発揮しています。数秘学で9は完結を示すなど、9は神聖な数とされることが多いようです。

各スートの [10]

　生命の樹では、「マルクト」に対応しています。物質性が高い位置のため、ここでは惑星は配属されていません。このカードで、各元素が持つ全てのエネルギーが終結し、最も完成された形になります。

（4）小アルカナ・各カードの説明

棒の騎士
KNIGHT OF WANDS

キーワード Keyword

野心達成に向けて猪突猛進する

占星術 Astrology

天蠍宮21度から人馬宮20度

❈ 象徴の解説

　棒が火、騎士が火を司ることから、「火の宮の火」を象徴します。跳躍しながら勢い良く走る黒馬に乗っている騎士は、甲冑（かっちゅう）で完全武装をした戦士です。かぶっている冑（かぶと）には、小さな黒馬の頭の装飾がついています。

　棒の騎士は、稲妻のイメージを持っています。勢い良く燃え上がっている松明（たいまつ）を左手に持ち進行方向を明るく照らし、右手ではしっかりと手綱を握り締め、黒馬が進む方向を望み通りにコントロールしています。全体的に斜め上に伸び上っているのは、彼が常に上昇志向であるということを想像させます。絵柄の中で非常に目立っているのは、大きく広がった騎士のマントの内部から燃え上がる炎です。黒馬はその炎の勢いに圧倒され、跳躍しているようにも見えます。この騎士は、進行方向を妨害する物事を焼き払って直進するために、火のエネルギーを放出しているのです。

　この騎士の性格は、優れた活動力を持つと同時に、激しさと強い衝動性を持っており、瞬発力に優れ、予測できない状況が訪れても、素早く行動力を発揮します。ネガティブな性質が表に出ると、目標到達だけに焦点を合わせ

ているため、残忍で野蛮な性格が強調されます。また、一度目標を設定して走り出すと、気持ちを切り替えることができず、臨機応変に軌道を修正することができません。ときには過激すぎて、危険人物となるのです。

※ 占い上の意味

　一度目標を定めると、烈火のごとくそれに向かって猪突猛進し出す騎士のように、目標に向かって全力疾走するさまを意味しています。それは、ただ楽しく充実していれば良いという意識ではなく、常に向上や成功という、大きな野心が伴っています。心の中は成功をつかむ意欲と情熱で燃え上がっていますから、走っていても疲れを感じず、困難を困難であるとも感じません。ただどれだけ野心達成に近づいたかということにしか、関心を持てない状態なのです。

　そうしたことから、具体的な意味には、野心と向上心と共に前進すること、明確な焦点を持った激しい動き、勇敢で活発な力強い動き、特定の方向へ進み続けること、未来に向かって燃え上がる高い意欲などを意味します。

　ネガティブさが強調されると、周りが見えずに細かい修正が利かない状態、勢いだけで玉砕すること、衝動的で落ち着かない状態、ジッとしていられない状態などの意味が表出します。

※ 各意味の読み取り例

全体運	野心や向上心を燃やし、目標に猪突猛進する。 目標を絞り、たゆまずに前進し続ける。 深く考えず、瞬発的に行動を起こす。 自分が目指す目標以外は、見えていない状態。
恋愛運	情熱的に燃える恋心を抱え、相手に接近する。 自分の愛情や意志を、一方的に押しつける。
仕事運	仕事の完成や目標達成に向け、全力投球する。 スポーツ選手など、勝敗が絡む職業。

棒の女王
Queen of Wands

キーワード Keyword

強い自尊心により肥大化した意識

占星術 Astrology

双魚宮21度から白羊宮20度

※ 象徴の解説

　棒が火、女王が水を司ることから、「火の宮の水」を象徴します。棒の女王は、幾何学模様の光となって燃え続けている、炎の王座に座っています。その王座の下で波打ち燃えている炎は消えることなく、その形を大きく変えることもなく、女王の熱意を高め続けています。同時に、女王がかぶる翼がつけられた王冠からも、12本の炎が光線のように放射されています。そこからは、女王が対外的な影響からだけではなく、意志の中にも強く燃える情熱があることを想像させます。

　赤みを帯びた金髪は長く伸び、座る足元にまで垂れ下がっています。左手に持つ長い棒の先には、ローマ神話の酒神バッカスの聖なるシンボルである松かさがついています。松かさは多くの種子を含むことから、多産の象徴であるとされてきました。足元には豹が寄り添い、女王は恍惚とした表情で、その頭に手を乗せています。目は静かに閉じているものの、下界を見下ろすようなこの構図は、女王のプライドが高いことをイメージさせます。

　この女王が持つ特質は、静かなる権威です。棒の騎士の力を受け取り、内

面で熟成させて放出します。騎士と同様に強い自我があり、従順さとは無縁で、常に主導権を握らなければ気が済みません。しかし思いやりと寛大さはあり、友情や愛情に厚いのです。ネガティブな性質が強調されると、頑固で怒りやすくなり、自分を見下す者は許さないという自尊心や復讐心が生まれます。

※ 占い上の意味

棒の女王が「静かなる権威」という特質を持つように、このカードは威厳や尊厳に関する意識を表しています。この女王の顔が非常に高い位置にあるように見えますが、それは強い自尊心により、意識が肥大化した様子をイメージさせます。自分の行動に強い自信を持ち、堂々とした姿勢を示すと同時に、周りを見下していたり、自分に反抗する者は許さないという頑固さも持っていたりします。

そうしたことから、このカードが持つ具体的な意味には、自分の威厳を無言でアピールすること、他の追随や反抗、反発を許さない意識、強い自尊心により意識が肥大化している様子、威圧感のある人物などを示します。また、棒の騎士と同様に、未来に対する強い期待感や情熱を秘めています。火が持つ主な感情の一つに、怒りがあります。そのためこの女王も含め、棒のコート・カードが示す人物は、カッとなりやすい傾向があります。

※ 各意味の読み取り例

全体運
自分の威厳や尊厳を、無言で主張する。
未来への希望や目標、情熱を、心に強く持つ。
自尊心が強く、周りの人を見下す傾向。
反発者に強い怒りや復讐心を持ちやすい状態。

恋愛運
女性の方が強気になり、男性をリードする。
自尊心が強いため、自分からは動けない。

仕事運　威圧感を出し、自分の意見を押し通す。
リーダー役として、周りを自分に従わせる。

棒の王子
PRINCE OF WANDS

キーワード Keyword

熱狂的で性急な行動エネルギー

占星術 Astrology

巨蟹宮21度から獅子宮20度

※ 象徴の解説

　棒が火、王子が風を司ることから、「火の宮の風」を象徴します。風は火を燃え上がらせ、拡張させる力があります。棒の王子は、騎士と同様に鎧で武装した戦士ですが、その両腕は力強く、動きやすいようにむき出しになっています。王子の王冠には、大きな翼が両脇にある獅子の頭がついており、王冠からは上に向かって光が放射され、下に向かって大きな炎が、垂れ幕のように下がっています。左手では手綱を持ち、戦車を牽いている火の聖獣である獅子の動きをコントロールしています。右手には、エネルギーの棒でもある、不死鳥の頭がついた棒を持っています。戦車からも炎が放射されていますが、その炎がこの戦車に力を与えているのです。彼は波立つ炎の海の上に座り、同時に炎を放出しながら戦車を走らせています。彼の胸についている印は、「メガ・テリーオン」のものであり、それは「大いなる野獣」という意味を持つ、クロウリーに与えられた魔術師名です。

　この王子の特質は、力強い熱狂的なエネルギーです。意識を外に向けて激しく行動する点は、「棒の騎士」と共通しています。しかし、王子はまだ若

くて経験がなく、目標意識がはっきりと固定化されていない状態です。時折衝動的に行動する傾向がありますが、ときには優柔不断になったりもします。それでも内面には、炎のように情熱が燃えたぎり、それを向け、熱狂できる対象を探しているのです。創造エネルギーがあり余っている状態です。

　この王子の大きな欠点は、自尊心の強さです。意識は狭量であり、人への侮蔑心を抱えています。ネガティブな性質が強まると、衝動性が残虐性を生み出したり、動きや意識が性急になったりします。

※ 占い上の意味

　同じく未来への期待感を持ち、外の世界へエネルギーを打ち出す「棒の騎士」と似てはいますが、王子は未熟であり、内面で煮えたぎる熱狂や熱中エネルギーの方向性を、騎士ほどはっきりとは見出せていません。熱狂的な性質を内在させた若者であるといえるのです。失敗や挫折の経験も不足しているため、結果は出していなくても、表情は自信に満ちあふれ、慎重さに欠けています。思いつきで動き、何かに熱狂したと思ったら、飽きて途中で投げ出したりもします。あまりにも性急にことを進めようとしたり、何かに熱狂しすぎたりして、他の物事が見えなくなったりもします。

　そうしたことから、具体的な意味としては、内面に豊かな創造的エネルギーを携えていること、すぐに何かに熱狂や熱中するようなテンションの高さ、根拠のない自信によって無謀に前進していく様子、自信過剰で無謀な人物などが挙げられます。

※ 各意味の読み取り例

全体運
豊かな創造エネルギーを発揮できる。
何かに熱狂して、テンションが高い精神状態。
自信と自尊心が強く、人を見下す狭量な意識。
必要以上にせっかちになり、焦って行動する。

| 恋愛運 | 自分の愛情を一方的に相手に披露する。
恋愛をつかむために、自ら性急に行動する。 |

| 仕事運 | 仕事に十分に創造エネルギーを投入できる。
思いつきと独断により、無謀に仕事を進める。 |

棒の王女
Princess of Wands

キーワード Keyword

未来への希望を持ち流れに乗る

占星術 Astrology

対応なし

※ 象徴の解説

　棒が火、王女が地を司ることから、「火の宮の地」を象徴します。地は火の燃料となり、可燃性物質が化学反応を起こすさまをイメージさせます。「王女」のカードは全て、地上の天空を司りますが、「棒の王女」は北極周辺に近い天空を支配します。

　ヘブライ文字のヨッドの形をして燃える炎の中を、裸の王女が踊るように流れています。この王女は火の女神であり、カードの左下に位置する、多数の雄羊の頭で飾られた金色の祭壇に仕えています。そのために、女司祭長の踊りを表現しているのです。雄羊の頭は白羊宮の象徴であり、春の火の元素を示しています。

　大きな特徴は、王女の頭から長く伸びた、二股の羽飾りです。これは公正の精神が、炎として流出しているものです。そして、明快さと単純さを示す太陽の円盤を先端につけた棒を持ち、勢い良く動く炎の波の中で、エネルギッシュに跳躍しています。その王女の首には、虎の尾が巻きついています。その虎は、まるで王女にエネルギーを吸い取られたかのように、死んだように

ぶらさがっています。

　この王女の性格は、若さによる活気と大胆さがあり、個性的で利発です。感情の起伏は激しく、突然激しい怒りや愛に囚われたりします。他の棒のコート・カードの人物と同様、未来への野心や向上心に燃え、熱狂的にそれを達成しようとする性質があります。ネガティブな面が出ると、侮辱されたことを根に持ったり、すぐに癇癪を起こしたりと、浅はかで稚拙な性質が表面化します。また手当たり次第に何かに手を出したり、人の言葉に耳を貸さなかったりと、無思慮な傾向も出てきます。

☀ 占い上の意味

　この王女は、大胆でエネルギッシュな性格を持つと同時に、棒の先についた太陽の円盤がアテュ「太陽」とつながるように、穢れのない純粋無垢な性質を持っています。

　彼女はヨッドの形の炎に乗り、どこかへ流されている最中です。それは彼女が期待している明るく輝く未来で向かっているのであり、決して炎の流れに逆らうことなく、自然のエネルギーと共に順調に流れています。自然の流れを、肯定しているのです。ダイナミックで恐れを知らない彼女は、自分の獲物である虎を従わせながら、燃えて流れる炎の中に、すっかり身を任せています。無理に逆流したり、動きを操作しようとしたりする意図は、全くありません。火の元素が持つ熱意や瞬発力が、幼く純粋な形で表現されるのです。

　そうしたことから、このカードの具体的な意味には、明るい未来を目指して流れに乗って進むこと、運命の流れを信頼すること、未来への希望を持つこと、野心や向上心に燃えること、上手にエネルギーを充電して行動に活かすことなどが挙げられます。ネガティブな面が強く出ると、我がままで短気であること、自分のことだけを考えること、熱しやすく冷めやすいなどの意味が読み取れます。

❋ 各意味の読み取り例

全体運

野心や向上心を掲げ、流れに乗っていく。
周囲からエネルギーをもらい、上昇する。
明るい未来に意識を向け、順調に前進する。
周りを気にせず、利己的な態度を取り続ける。

恋愛運

自然の流れに乗ることで、恋愛を成功させる。
異性の気持ちを無視した、利己的な交際。

仕事運

自分の才能や個性を、存分に仕事に活かせる。
成功を追い求め、周りが見えていない状態。

棒のエース
ACE OF WANDS

キーワード Keyword

原初エネルギーによる創造的な力

占星術 Astrology

火の元素

✳ 象徴の解説

　このカードは、火の元素の本質を表しています。カバラでは、無の世界の最終段階である「アイン・ソフ・アウル」から、火を司るセフィラの「ケテル」が生み落され、火は四元素の中でも最初に顕現する元素です。最初の元素が形を取る前の段階の、根源を示すカードであり、非常に純粋な高いエネルギーを示しています。

　炎が柱の形を取って噴出し、そこからあらゆる方向に10個の炎が燃え上がっています。これらの炎はヘブライ文字のヨッドの形態を持ち、生命の樹の形に配置されています。それらは物質の中に出現する、神のエネルギーなのです。まだ火の元素が生じる前の段階のため、はっきりとした形にはなっていません。しかし何かを起こすのに必要な、高いエネルギーであるといえます。炎の柱の周辺には四方八方に稲妻が走り、これらの炎が強い潜在的パワーを秘めていることを、イメージさせます。

※ 占い上の意味

無である「アイン・ソフ・アウル」から「ケテル」が生み出されるように、このカードは無からの創造を意味しています。それは、宇宙が無からビッグバンとして生まれ、火の塊であったことからもうかがえます。生まれた段階では容量は小さくても、それには途方もなく膨大な、爆発的エネルギーが内在しているのです。

そうしたことから、このカードには、無の状態から何かが誕生すること、新鮮な創造エネルギー、生まれたばかりの純粋無垢なエネルギー、生まれたばかりの強い意欲などの意味が挙げられます。ネガティブな印象が強い場合は、無計画で無謀な決定や行動、無思慮で勢いだけで進むこと、閃きに頼りすぎることなどの意味が読み取れます。成功したときのリターンは大きいものの、失敗したときのリスクも、同様に大きいことを示しているのです。

※ 各意味の読み取り例

全体運
無の状態から、新しい何かを創造する。
何かが誕生したり、新しく発見されたりする。
突然湧き上がってくる強い意欲や衝動性。
思いつきで派手なアクションを起こす。

恋愛運
新しい出会いが、即座に恋愛に発展する。
突然、激しい恋愛感情が燃え上がる。

仕事運
前例のない新規の事業をスタートする。
未知の分野の職業に挑戦する。

149

棒の2
【支配】DOMINION

キーワード Keyword

新しい方向性を見出す

占星術 Astrology

白羊宮の火星

※ 象徴の解説

　このカードは「支配」の象徴であり、初めて顕現した火のエネルギーであり、火が最高に純粋で、最良の形であることを示します。白羊宮の火星が配属され、白羊宮と火星の関係は盛であって火星が非常に働きやすく、特に新しい動きや新しい方向性に対して、十分な活力を与えます。

　カードの中心では、チベット密教の法具であり、雷神の武器であるドルジェが2本、交差しています。ドルジェは魔を祓い、困難を乗り越えるためのパワーを秘めた法具であり、それが交差することで、破壊と創造の高いエネルギーを放出しています。それによって、状況が新たな方向へと動き出せるのです。

　交差した部分からは、6本の炎がバランス良く燃え上がっています。これは白羊宮で興になり、純粋な力が高められている太陽の放射であり、純粋な創造力を表します。このカードは理想的な強い意志によって動き始めるエネルギーや、能動的で創造的な意志を表現しているのです。

❋ 占い上の意味

　白羊宮は十二宮で最初の宮であり、夜明けを示し、何かが誕生することや創造されることを司ります。それに相性の良い火星が、新鮮で爆発的なエネルギーを注いでいます。そのためこのカードには、新しく始まる何かや、新しい方向へ進むこと、大胆な新しい方法などの意味があります。「棒のエース」で湧き上がった火の元素が、ここでしっかりとした形として顕現し、それを具体的に使う方向性が定まることを示すのです。

「ドミニオン」は支配の他に、権力や統治という意味もあります。ドルジェが交差した部分から太陽の紅炎が噴き出しているように、決して穏やかに事が進むのではありません。内面から湧き上がる衝動的、破壊的エネルギーによって、動かずにはいられない状況が生まれるのです。

❋ 各意味の読み取り例

全体運
何かを始めずにはいられない、衝動的な状態。
新しく進んでいく方向性が定まっていく。
新しく大胆でエネルギッシュな方法を取る。
2人の人物の意志が重なり、何かが生まれる。

恋愛運
2人の情熱が重なり合い、深い絆が生まれる。
衝動的な感情でスタートする、新しい恋愛。

仕事運
独創的な才能を発揮できる方向性が定まる。
自分の意志が活かされ、新事業が始まる。

151

棒の3
【美徳】VIRTUE

キーワード Keyword

春の訪れのような純真なエネルギー

占星術 Astrology

白羊宮の太陽

❋ 象徴の解説

　このカードは「美徳」を象徴します。「棒のエース」で爆発的に発生した純粋な火の原始エネルギーが、「棒の2」ではっきりと顕現して方向性を見出し、ここで一旦確立を見せます。そのエネルギーは、まだ生まれたばかりの純粋さを保ち、美しく輝いています。

　このカードには、白羊宮の太陽が対応しています。太陽は白羊宮と調和して興になり、太陽は長所を最大限に発揮することができます。春分点からスタートする白羊宮は、始まったばかりの春のエネルギーを示し、それに美しく輝く太陽が好影響を与え、調和したエネルギーとなっています。カードの中の3本の棒の頭には、開花した蓮がつき、純化した春のエネルギーを強調しています。

　3本の棒が重なった中心部からは、太陽光が明るく輝いています。三つの力が調和し、全てがバランスを保って推移していくのです。

❋ 占い上の意味

「美徳」という言葉が示すように、美しく徳を積むこと、つまり神の視点から、道に適った正しい行いをすることなどの意味があります。誠実さや正直さを持つことは、周囲に安心感と幸福感を与え、それが温かい波動を生み出し、全てのエネルギーを美しく調和させていきます。目に見えるような強さや華やかさはありませんが、心がホッと温まるような安心感、ちょっとした嬉しさや幸福感など、春が訪れたような気分をイメージさせるカードなのです。

　具体的な意味としては、誠実さや正直さ、自然さや素直さ、純粋さ、春の訪れのように新鮮な状況が訪れること、幸福な状況を生み出すエネルギーなどが挙げられます。3本が調和していることから、他者と団結した意志や行動という意味も読み取れます。ネガティブに出ると、純真さ故に思慮や警戒心が浅く、周囲の流れを見落としやすくなったりします。

❋ 各意味の読み取り例

全体運
春の訪れのように新鮮で、心が躍る状態。
曇りのない、誠実で正直な性格や思考。
周囲との意志や力が一致し、パワーが増す。
純粋無垢な故に、騙されやすい状態。

恋愛運
相手を喜ばせようとする、誠意ある愛情。
楽しい恋に浮かれ、警戒心を持てない状態。

仕事運
新しい仕事が順調なスタートを切る。
周囲と歩調が合い、楽しく取り組める仕事。

棒の4
【完成】 COMPLETION

キーワード Keyword

隙なく完成された状態

占星術 Astrology

白羊宮の金星

※ 象徴の解説

このカードは「完成」と呼ばれ、特に完成した作業を象徴します。生命の樹では「ケセド」に当たり、それ以下の全てのセフィロトに対して、支配的影響力を持つとされます。そのためこの数は、非常に強固な力を持っています。火の元素として発生したエネルギーは、「棒の2」と「棒の3」を通過し、ここで固まって一つの体系を完成させます。それは秩序や法、政府などの、制限された体系です。全ての棒は、黄色の輪によってその長さが制限されており、中央で燃える炎も小さく、拡大させる意図や力を持っていません。これらは限定された狭い範囲における、仕事の完成を示しているのです。

このカードに対応するのは、白羊宮の金星です。白羊宮が持つ直情に金星の愛が混ざり、仕事の完成は、機転や優しさがなければ成し遂げられないことを示しています。

棒の頭には、男性性を示す「ケセド」と白羊宮の聖獣である雄羊と、女性性を示す愛の女神ヴィーナスの鳩がついています。本来は格式が敗である白羊宮と金星が、こうして輪の中でバランスを保っています。

※ 占い上の意味

　カード中央にある黄色の輪がはみ出すことなく、きっちりと絵の中に収まっているように、狭い枠組みの中における完結や完成を意味しています。取り組んでいた物事が完成して仕事が完結したり、関わっていた問題が、解決して終わりを見せたりします。その規模や範囲は決して大きくありませんが、ほとんど隙がなく、完璧な状態であるといえるでしょう。また、何かを完成させるためには自由奔放に動くのではなく、規則正しさや序列を重視するなど、決められたことを決められたように取り組む必要性も示しています。

　ネガティブな面が強調されると、完璧さを意識しすぎて、こぢんまりとまとまった感覚を味わうことは否めません。また、完成された状況の中に新しい何かを取り入れると、バランスが崩れます。そのため、保守的になる必要性も生じるのです。

※ 各意味の読み取り例

全体運
取り組んでいた物事が完成し、終結する。
完璧で隙がない物事や人物。
法や秩序など枠組みを重視して行動する。
規律の順守にこだわるなど、保守的な状態。

恋愛運
お互いに譲歩し合い、真面目に交際する。
恋愛への理想像が強く、完璧主義な状態。

仕事運
与えられた役割を、隙なく完璧にこなす。
取り組んでいた仕事を計画通りに完成させる。

155

棒の5
【闘争】 STRIFE

キーワード Keyword

力の対立が生む闘争

占星術 Astrology

獅子宮の土星

※ 象徴の解説

　スートの「5」が対応する生命の樹の「ゲブラー」そのものである、「闘争」を象徴します。活動的な火のエネルギーであり、獅子宮の土星に支配されています。獅子宮は三つの火の宮の中央に位置し、最も釣り合いが取れた火の元素を示します。しかし、獅子宮の土星は格式が敗であり、そのバランスを崩して悪化させてしまいます。

　カードには、黄金の夜明け団の階級別による、3種の棒が交わっています。中央にそびえ立つのは首領達人、すなわちチーフ・アデプトの棒であり、権威は最高位者により存在することを示しています。フェニックスの頭がついた2本の棒は、第二の達人、すなわちメジャー・アデプトの棒で、これは火による破壊と、その灰からエネルギーが復活することを示しています。第三の達人、すなわちマイナー・アデプトの棒は、「棒の3」と同様の、春の始めを示す棒で、娘のような無垢なエネルギーを象徴します。

　太く頑強なチーフ・アデプトの棒は、その背後にある4本の棒のエネルギーを抑え込んで支配し、それらの自由を奪っています。抑え込まれたエネルギー

は火山性の爆発力を持ち、その勢いは計り知れません。

※ 占い上の意味

　抑え込むチーフ・アデプトの棒に、背後のメジャー・アデプトの棒とマイナー・アデプトの棒が、強い圧力と葛藤を感じています。4本揃って反発しても、チーフ・アデプトの棒に対抗するのは困難で、ただもがき続けるだけの状態です。

　そうした背景から、このカードには、葛藤や困難を感じる問題、人生上に横たわっている問題、何かに抑え込まれて行き詰っている状況、衝突する対抗意識、ブロックされたエネルギーなどの意味があります。しかし、問題の焦点が抑え込むチーフ・アデプトの棒に当たっているのか、もしくは背後で抑え込まれた4本の棒に当たっているのかによって、読み取る意味も違ってきます。そうした中で、対立した力が闘争しているということは、間違いないといえます。

※ 各意味の読み取り例

全体運
自分の強い意志や行動力で、何かを抑え込む。
闘争的な空気が漂う、穏やかではない状態。
上の立場と下の立場で、対立している状態。
強い障害に抑え込まれ、自由に動けない状態。

恋愛運
自分の強い意志で、弱気な異性を抑え込む。
強気な異性により抑え込まれ、我慢が多い恋。

仕事運
自分の意志を強引に押し通し、反感をかう。
職場内や取引先との衝突が多い状態。

157

棒の6
【勝利】VICTORY

キーワード Keyword

周囲との調和による勝利

占星術 Astrology

獅子宮の木星

※ 象徴の解説

　生命の樹で最も中心である「ティファレト」に配属され、ここでのエネルギーは、完全に釣り合いが取れています。「棒の4」で固定されて閉ざされていた力は、「棒の5」の革新的な力によって大きく揺り動かされました。その「闘争」が、この「棒の6」になると、完全に成功を勝ち取っている様子に変化します。そのためこのカードは、「勝利」と呼ばれます。「棒の5」で対立していた力は合意し、両者は結婚に至ったのです。

　西洋占星術では、獅子宮の木星に関係しています。この組み合わせは調和的で、このカードはその美しさを祝福しているのです。

　「棒の5」では対立していたチーフ・アデプトの棒が1本増え、調和的な数となり、対立は解除されています。3種類のアデプトの棒が、協力し合うようにバランス良く配置されています。安定して燃えている炎の数は九つで、これは「イェソド」と月に関係するとされています。これはエネルギーが安定していることと、女性的な受容と反射を示しています。

※ 占い上の意味

　生命の樹で最も調和的な「ティファレト」に配属される各スートの「6」は、ポジティブな性質を持っています。獅子宮は自尊心の強さを持ち、木星はその成功を象徴しています。そのため、特に何かの勝負事では勝利を収め、自尊心が満たされての達成感や自己肯定感、優越感を得ることができるでしょう。状況は正しい方向へ進んでおり、全てが良好で、問題がないといえるのです。また、獅子宮の性質から、単純明快さを示す場合もあります。物事が入り組んでいない、単純でクリアな状態です。

　ネガティブな面が強調されると、物事の表面だけを見て一喜一憂するような浅はかな状態、自分の勝利に酔い知れ他者を見下すことなどの意味が出てきます。

※ 各意味の読み取り例

全体運
勝負事で勝利し、達成感や優越感を得る。
意欲と周囲の流れが調和し、全て順調に進む。
単純明快で軽やかな状況や精神状態。
勝利に酔い知れ、勝ち誇った言動を取る。

恋愛運
2人の情熱が調和し、対等で良い関係を築く。
恋愛の成功により、得意げな精神状態に陥る。

仕事運
仕事で表彰されるなど、大きな注目を浴びる。
自分と周囲の意志が調和し、力を出し合う。

棒の7
【勇気】 VALOUR

キーワード Keyword

流れに逆らう勇敢なエネルギー

占星術 Astrology

獅子宮の火星

※ 象徴の解説

　自己表現欲の強い獅子宮と、闘いの星である火星との組み合わせにより、このカードは「勇気」や「勇敢」と呼ばれます。生命の樹の中央から外れて下方の「ネツァク」に移動し、バランスを崩すため、自信の喪失を象徴します。「棒の6」では燦然と輝き調和していた6本のアデプトの棒が、ここでは背後に退けられ、そのパワーは減退し、平凡なものになっています。明るく輝いていた背景の薄紫色も、光を弱めてダークな色に変化しています。6本の棒の前の目立つ位置には、ゴツゴツとした大きな棍棒があり、最初の武器として君臨しています。しかしその荒削りさは、精密さや機敏さの必要な戦闘には、不向きな棒であるといえるのです。棒の交差した位置からは、炎が四方に散乱し、思いつくまま無秩序に、各地を攻撃するかのようです。これは火星が持つ強引さを強調し、死に物狂いで奮闘しますが、敗北も免れないという、穏やかではない状況を示しています。

❋ 占い上の意味

このカードでは、手前にある大きな棍棒にスポットが当たっています。棍棒は、他の棒とは調和しない独自の力強さを持ち、周囲からの援護を受けることなく、1本だけで頑張っています。背後の6本のアデプトの棒が、組織化されたエネルギーであるとすれば、手前の棍棒は、感情の赴くままの、粗削りで原始的なエネルギーであるといえるでしょう。自由気ままに動ける反面、全て自力で取り組む不合理性を備えています。

そうしたことから、このカードには、断固とした意志の強さと実践力、勇気や力強さ、困難に負けずに努力し前進すること、周囲に頼らず自助努力をすること、気合を入れて自分にエネルギーを注ぐことなどの意味があります。

ネガティブな意味には、流れに逆らい無理強いすること、無謀な動きを取ること、強引で意地っ張りな状態、自ら周囲に対立を挑むことなどが挙げられます。

❋ 各意味の読み取り例

全体運
周囲の流れに逆らい、自分の意志を押し通す。
怠け心や多忙さなどを克服し、何かを頑張る。
断固とした強い意志と決行力を持つ。
流れに逆らい、周囲と対立しやすい状況。

恋愛運
周りの反対を無視して、愛情を貫いていく。
異性の感情を無視し、独り善がりになりがち。

仕事運
組織に関わらず、フリーで独立して働く状態。
組織に迎合しないため、浮きやすい存在に。

棒の8
【迅速】 Swiftness

キーワード Keyword

素早く変化する状況

占星術 Astrology

人馬宮の水星

※ 象徴の解説

　俊足に動く水星が、自由闊達な性質の人馬宮に属することから、このカードは「迅速」と呼ばれます。棒のスートの終盤の「8」、「9」、「10」は、最後の火の宮である人馬宮に属し、この宮は精神性が高いため、火のエネルギーを純化します。火がエーテル化して虹となり、白羊宮、獅子宮と続いてきた荒々しく粗雑な要素は、ここで全て消えています。既に火は燃焼と破壊の役割を持たず、最も高められた繊細で高速度のエネルギーを示しているのです。

　カードの中では、炎が吸収された光の棒が電気光線に変わり、振動しています。その中にある八面体と四角錐は、その振動する電気光線が物質を支え、構成することさえも担うことを示しています。

　また、電気光線は規則正しい幾何学形態を作り、電流のような形を取っています。これは純粋な光であると同時に、具体的には言葉や電気、光の現象を意味しています。その純粋な光がスペクトルにより分割されて、七色に姿を変え、宇宙の虹として輝いています。

❋ 占い上の意味

　人馬宮も水星も瞬発力と機敏な行動力があり、ジッとしていない性質を持ちます。カードの中心から勢い良く電気光線が広がっていくように、瞬時における行動や機敏さ、閃きにおける行動などを示しています。

　また、中央に描かれている八面体や四角錐は具体的な形を象徴し、単なる精神的な面における変化ではなく、そうした俊敏な動きは物質的な変化さえも築くことを示します。宇宙に幸運の象徴である虹が輝いていることから、それらはポジティブな波動を持つ変化であるといえるでしょう。

　具体的な意味としては、俊敏な決断と行動、閃きにより古い概念を崩すこと、鋭い直観力、状況が素早く変化していくこと、瞬間的なブロックの解除などが挙げられます。ネガティブさが強まると、せっかちになり落ち着かないこと、深い思慮を避けることなどの意味が浮上します。

❋ 各意味の読み取り例

全体運
素早い決断や動きにより、状況が好転する。
閃きに沿って動くことで、成功する。
閃きにより、古い概念が打ち砕かれる。
せっかちになり、すぐに動こうとする。

恋愛運
出会った瞬間に恋がスタートする。
新しく迅速な動きが、新しい恋愛を呼ぶ。

仕事運
滞っていた仕事状況が、急に動き出す。
閃いた企画案が、すぐに着手される。

163

棒の9
【剛毅】 Strength

キーワード Keyword

確固たる自信と意志の強さ

占星術 Astrology

人馬宮の月

❋ 象徴の解説

　このカードは際立った強さを示し、「剛毅(ごうき)」と呼ばれます。生命の樹の下方の端に逸れていた「7」と「8」から「イェソド」に移行し、中央の柱に戻ると同時にエネルギーも均衡状態に戻し、真の強さを得ます。西洋占星術では、不安定感のある人馬宮の、最も弱く動きの速い月が配属されています。これは、「変化とは安定なり」というクロウリーの言葉のように、役立つ防御は臨機応変さのある動きが伴うものである、ということを示しています。

　「棒の8」で電気光線になった棒は、ここでは力を得て矢へと変化しました。8本の矢は背後でバランス良く交差し、その前に際立った力を持つ矢が一本、立ちはだかっています。その矢の先端には思考を示す月が、上端には突進力を示す太陽がつけられ、矢の軸を通して陰陽が調和しています。9本全ての矢が下方にエネルギーを向けて力を統合し、力強さをより強調しています。

❋ 占い上の意味

　背後にある８本の矢は、潜在意識を含めた内面が、充足や結束している状態を示しています。手前にある強固な棒と背後の矢は、同質であって調和し、お互いに協力体制を取り合い、エネルギーを高め合っています。このカードは、外部から来るものを何も必要としない、ありのままの自分でいられる強い心身の状態を示しているのです。周囲からの称賛にも批判にも、左右されない状態です。

　そうしたことから、このカードの意味には、確固たる自立心、全てのものから自立している様子、周囲の影響に振り回されない意志の強さ、自己矛盾のない自分を信頼できる状態、我が道を行くことなどが挙げられます。ネガティブな印象であると、頑固で周囲から自分を閉ざしていること、優しさや厚意を受けつけないことなどの意味が表出します。

❋ 各意味の読み取り例

全体運
心の底から湧き上がる、自分への信頼感。
周囲から自立し、影響を受けない状態。
少々のことでは曲げない確固たる強い意志。
防御して、周囲と自分との間に壁を築く。

恋愛運
異性に依存せず、自分のペースで交際する。
異性からの好意を受け入れず、防御する。

仕事運
味方と一致団結して、事業を遂行する。
強い意志により計画通りに進んでいく仕事。

棒の 10
【抑圧】 OPPRESSION

キーワード Keyword

抑圧・制限されたエネルギー

占星術 Astrology

人馬宮の土星

※ 象徴の解説

　このカードには、人馬宮の土星が対応しています。軽やかな火の精神を示す人馬宮と、鈍重な土星は対極的な性質を持ち、土星が人馬宮に重くのしかかり、ネガティブな要素を引き出しています。そのためこのカードは、「抑圧」と呼ばれます。各スートの「10」は、生命の樹における物質世界の「マルクト」を示し、「マルクト」は他のセフィロトの霊的な力から分離され、孤立しています。火の棒は勝利を得ましたが、それでも闘いをやめようとしません。そのため統治された状況は、支配者が独断で行う専制政治へと変化しました。

　カードの背景では荒々しく炎が燃え盛り、破壊的な様子を示しています。「棒の9」と同様に、8本の棒は背後で合致し、強烈な火の力を示しています。しかし、8本の棒はもはや気高さを失い、矢の状態から両端が鉤爪のように変化しています。前方には「棒の2」と同じく2本のドルジェが存在感を放っていますが、それらは硬い金属となって棒状に長く伸び、背後の棒と炎を押さえつけ、動きを制限しています。自分の成功という欲望だけを追い求め、それが元で自滅する可能性がある状態です。

☀ 占い上の意味

　クロウリーはこのカードについて、「脱出不可能な、愚かで頑固な残虐性を意味する」と記述しています。2本の硬いドルジェが背後の8本の棒と炎を抑え込んでいるように、カードの絵全体が、圧迫と抑制を示しているのです。抑圧されて自由を失った8本の棒は、「棒の9」の場合に比べ、卑屈な様相を呈しています。それは、専制政治によって抑圧されている民衆の姿を彷彿とさせます。反逆されたら、世の中は混乱の極みに陥るでしょう。

　そうしたことからこのカードには、制限されていると感じること、何かに抑えられて窮屈な状態、抑圧されて爆発寸前のエネルギー、ストレスフルで憂鬱な感情、内に秘めている反逆精神などの意味が与えられています。手前のドルジェにスポットが当たると、抑圧している側のことを意味する場合もあります。どちらにしても、不調和で危険なエネルギーを抱えていることに、違いはありません。

☀ 各意味の読み取り例

全体運
何かに抑圧・制限され、自由に動けない状態。
ネガティブな感情を抑え込み、圧迫した状態。
制限されていると感じ、開放感を得られない。
逆に、弱者を強引に制圧していることも示す。

恋愛運
自分を抑え込み、異性の言うことに従う状態。
我慢する場面が多く、ストレスフルな恋愛。

仕事運
目上の制圧が強く、我慢を強いられる仕事。
ノルマが多くて休めない、ハードな仕事状況。

杯の騎士
KNIGHT OF CUPS

キーワード Keyword

温かい感情や愛情を与えに行く

占星術 Astrology

宝瓶宮21度から双魚宮20度

※ **象徴の解説**

　杯が水、騎士が火を司ることから、「水の宮の火」を象徴します。動きのある水であり、迅速な動きと激しい攻撃性を持つ、雨と奔流を表しています。それと同時に、水の溶かす力も象徴します。

　杯の騎士は、輝く豊かで優美な翼のついた、黒い鎧を身にまとっています。この翼は、白い軍馬が跳躍する姿勢を取っているのと同じく、彼が水の性質の中の、最も活動的な性質を示すことを意味しています。それは右手で掲げた杯の中に、水の活動宮の象徴であり攻撃性を司る、蟹が現れていることからもうかがえます。彼はそうした翼、白馬、蟹を使用して、能動的に愛する者に向かっていく最中なのです。右下で羽根を広げているのは、彼の動物の象徴である孔雀です。水の元素の活発な形における、聖なる現れ方が「華麗さ」であるため、ここに華麗なる孔雀が描かれているのです。

　全体的に能動的な絵柄でありながらも、「杯の騎士」が持つ根本的な性質は受動的であり、占星術の範囲である双魚宮の特性と一致します。文学と芸術を愛する優美な男性で、普段は金星もしくは木星の性質を弱めた性格を

持ち、温厚で控えめです。情緒が豊かなため、恋愛ロマンスの刺激にはすぐに反応し、熱狂的になりやすいでしょう。しかし、感情に素直で意志は弱く、長続きしない傾向があります。繊細で外からの影響に敏感ですが、内面では意外と自分をしっかり持っています。

　ネガティブな面が強調されると、情に流されやすく、約束に関して怠惰で信用できない人物になりがちです。感情を抑えてまで責任を果たす姿勢が、彼には欠けているのです。火と水の相反した元素を組み合わせることで生じる葛藤を、調和させるのは難しいといえます。心の内戦が、精神的病の原因になる可能性もあります。

❋ 占い上の意味

　情感豊かで優美な性質の杯の騎士が、心の中で燃え盛る愛情に従い、愛の象徴である杯を掲げ、前進する様子が描かれています。騎士が白い軍馬を走らせるのは、愛する者のもとでしょう。彼は普段は受動的でありながらも、ここでは能動的になり、何かを与えに向かっているのです。与えるものとは自分自身の想いであり、温かい愛情や感情を伝えて分かち合うことでもあり、もしくは相手の寂しさや弱さを支えることでもあります。杯の騎士は、活発で外に向いた感情を持っているのです。内に秘めた感情を、素直に体現できている状態です。また、白い軍馬がこちらを一瞥している部分からも、占い上のメッセージを読み取れる場合があります。

　ネガティブなイメージが強い場合は、好意を得ることが目的で与えようとする計算高さや、寂しさを埋めるために強引に与えようとする様子などを示します。また、杯の中の蟹に攻撃性があることから、ネガティブなものを与えに行こうとする場合もあります。

169

❈ 各意味の読み取り例

全体運
愛情や思いやりなど、温かい感情を与える。
自分から相手に働きかけ、状況を好転させる。
積極的に面倒見を良くしている状態。
おべっかを使ったり、媚を売ったりする。

恋愛運
愛に満ちた異性が、積極的に接近してくる。
自分から好きな人に、好意を伝えに行く。

仕事運
顧客優先など、慈愛に満ちた仕事態度や企画。
実力者に媚を売り、自分の立場を良くする。

杯の女王
Queen of Cups

キーワード Keyword

起こること全てを受容する

占星術 Astrology

双児宮 21 度から巨蟹宮 20 度

✳ 象徴の解説

　杯が水、女王が水を司ることから、「水の宮の水」を象徴します。女性的で豊かな情感を持つ水の元素中の水であり、完全な受容と、受けたものを反射させるエネルギーを象徴します。杯の女王は、極められた清浄さと美しさを表象しており、そこには限りない精妙さも備わっています。

　鏡のように透明で静かな水面に、杯の女王は王座を置き、座っています。左手には巻貝の形をした杯を抱え持ち、その中からは、巨蟹宮の象徴であるザリガニが現れています。垂れ下げた右手には、無限なる母なる愛情を示すイシスの蓮を持っていますが、同時に母性と子孫繁栄の象徴であるコウノトリに触れています。こうした象徴全てにより、母なる豊かで繊細な愛情を、顕現させているのです。

　女王はまるでベールをかぶったかのように、無限に屈折した曲線の光により、全身が包み隠されています。そのため、その表情をうかがい知ることができません。彼女は、それを見つめる者の性質を完全に反射し、反映させるため、彼女の本質を読み取ることは、非常に難しいといえるのです。あら

ゆるものを受容し、それを送り出しながらも、女王自身がそれに影響されることはありません。その反射と反映を示すかのように、王座の下にある海は、女王の姿を完全に映し出しています。

このカードが持つ特性は、幻想で夢心地な状況や、静穏さです。しかし「杯の女王」の性質は、女王に影響を与えるものの性質により変化します。女王自身は、全く性格を持っていない、クリアな状態であるといえるのです。ネガティブな印象が強いと、女王に影響を及ぼすものが屈折し、歪められた状態であるといえます。

❋ 占い上の意味

このカードが「水の宮の水」であることから、究極の女性的な性質全般を司ります。水が全く自分自身の形を持たず、器の形に完全に添うように、状況を起こるままに任せ、全てを受容する状態です。自分から事を起こそうとしたり、変化させようとしたりする能動性は皆無であり、ただ届くことだけを受け入れ、鏡のように反射させるだけの状態です。それは、光のベールで顔が隠されていることからも分かるでしょう。しかしその根底には、母性的な愛情が備わっているといえます。

具体的な意味には、全てを受容する透明でオープンな心、繊細さや傷つきやすさ、優しさや繊細な愛情、相手に全面的に任せることなどが挙げられます。感受性の豊かさから、神託や霊媒などの直感力や、芸術的才能なども示します。

ネガティブな印象が強調されると、女性的な陰の感情の破壊的な面が表れます。具体的には、何か依存するなど感情に溺れる状態、優しさ故に犠牲になること、受動的すぎて消極的であり、無力さを感じる状態などです。

※ 各意味の読み取り例

全体運
起こること全てを、静かに受け入れる状態。
繊細で豊かな感受性、傷つきやすい心を持つ。
直感力や芸術的才能を発揮する。
受け身すぎて、満足できる状況を築けない。

恋愛運
母親のように深くて繊細な慈愛心を持つ。
受け身すぎて、相手の言いなりになる状態。

仕事運
直感力や芸術的能力を発揮できる仕事。
言われるままに淡々と仕事をこなす。

杯の王子
PRINCE OF CUPS

キーワード Keyword
自分の願望や欲望のために進む

占星術 Astrology
天秤宮21度から天蠍宮20度

※ 象徴の解説

　杯が水、王子が風を司ることから、「水の宮の風」を象徴します。強風が水を巻き上げて雨を降らせたり、蒸発させたりする様子を彷彿とさせ、王子の周辺には大量の雨が降っています。それ以外にも、揮発性や蒸気のエネルギー、化学反応を変化させる触媒としての力などを表すとしています。

　王子は鎧を身にまとっていますが、それは体内から生え出てきたように薄く、王子の闘争心の薄さをイメージさせます。王子が乗った貝殻の形の戦車を牽くのは、天蠍宮の善のエンブレムである鷲であり、冑の頂にも鷲の像がついています。王子の背には大きな翼がついていますが、それは雲のような気体に見えるほど、非常に薄いものです。これは、彼の水を蒸発させる力と関係しています。

　右手には、水の元素にとって神聖である蓮の花を、下に向けて持っています。左手には杯を持ち、そこからは善と悪が混ざった天蠍宮のエンブレムである、蛇が出ています。天蠍宮の持つ三位一体的な象徴動物は、鷲・蛇・蠍の3種ですが、悪のエンブレムとされる蠍は、このカードに描かれていません。

蠍が意味する腐敗作用は、表沙汰にできないものとされているためです。空中飛行する戦車の下には静かな湖面があり、その上にも激しく雨が降り落ちています。

　この王子は、謎めいています。表面的には平静心を保ち、落ち着いて見えますが、それはあくまでも仮面であり、内面には強烈な情熱を秘めています。その長所としての特性には、秘めた激しさや鋭敏さ、巧みさがあります。しかしクロウリーは、この王子には良心が全くないと記述しています。彼は情け容赦なく、権力など自分の目的達成を望んでおり、他人には無関心、無責任な性質です。彼の中の自惚れた野心が、そうした傾向を招いているのです。受容性はあるため、外部からの影響を受けやすいものの、それを自分にとって有利な形に変換します。周囲から信用されず、共同作業の対象にされることもありません。

✴ 占い上の意味

　王子が杯の中の蛇を見つめているのは、自分の願望や欲望を投影しているかのようです。天蠍宮は視野を狭く保ち、深く掘り下げていく性質があります。そうして絞った彼の関心事は、自分自身の願望や欲望を満たすことのみなのです。神聖な愛情を象徴する蓮の花が黒く下を向いていることからも、他者には無関心であることが分かります。杯の蛇に自分の願いを託しながら、降りしきる雨の中で鷲に戦車を牽かせ、その実現に向けて突き進んでいるのでしょう。

　しかし、蛇が善と悪の両性質を司るように、王子の願い事が決して利己的なものだけという訳ではありません。気紛れが原因であっても、ときには「社会に役立つために権力を持つ」というような、建設的な願望を掲げることもあるはずです。

　このカードの具体的な意味には、自分のための願望や欲望を強く持つこと、夢や希望を心に秘めること、願望や欲望が機動力になり前進することなどが

挙げられます。ネガティブな印象が強調されると、自分の願望だけで頭が一杯であること、空想に耽ることなどの意味が表れます。

✳ 各意味の読み取り例

全体運
自分の願望や目標達成に向けて前進する。
夢や希望を、心の中で温めている状態。
周囲を無視して、自己満足だけを追求する。
周囲を犠牲にして、自分の得だけを求める。

恋愛運
愛することより、利用することが目的の恋愛。
欲を満たすことを求める異性が接近してくる。

仕事運
技巧を活かし、要領良く仕事に取り組む。
自分の目的達成のために、仕事に取り組む。

杯の王女
PRINCESS OF CUPS

キーワード Keyword

純真で軽く優しいエネルギー

占星術 Astrology

対応なし

※ 象徴の解説

　杯が水、王女が地を司ることから、「水の宮の地」を象徴します。水の力が原子と原子を結びつける化学結合の基礎を作り、地が示す形という実態を与えられます。そのためこのカードは特に、結晶化する能力を象徴しています。それは、王女の衣装の端に結晶ができていることや、王冠から発する光が結晶化していることでも分かります。

　王女は軽やかに、そして優雅に、泡立つ海の上で踊っています。美しく流れるドレープの衣装を身にまとい、翼を広げた白鳥が、王冠の羽根飾りとしてついています。左手では愛の象徴である瑞々しく咲いた白い蓮の花を上に向け、豊かな愛情や思いやりを持つ人物であることを示しています。右手で蓋のついた大きな杯を抱え、その蓋を甲羅のようにした亀が、そこから現れています。この亀は、自身は大蛇に乗った上で、大地を支える数頭の象を背中に乗せているという、古代の東洋の宇宙観の中の亀であるとされています。海中で戯れながら泳いでいる魚は、創造力を象徴する、気高きイルカであるとしています。

177

この王女の性質は、非常に優雅で愛らしく、優しさや親切心に包まれています。少女特有の夢見がちな面もあり、彼女の心は現実からは一歩離れた、歓喜に満ちた夢の中や、ロマンスの世界に住んでいます。表面的には怠惰で我がままに見えるかもしれませんが、それは全く間違っています。芯が弱くて感情に流されやすい彼女は、周りについ依存してしまいますが、それと同時に人を助けることにも積極的なのです。困っている人を放っておけない、心からの慈愛心を持っているといえるでしょう。協力者としては最良な人物であり、「杯の王子」が持つ性質とは対照的です。

❋ 占い上の意味

　このカードは、描かれている王女が持つ性質のように、曇りのない清純で軽やかな精神状態であることを意味しています。何の枠にも囚われることのない、ポジティブで楽しく自由な感情を持っています。豊かな情を持ちながらも、何事にも執着することなく、いつでも自由なハートでいられるのです。真剣さや複雑さを伴う愛情ではなく、軽く爽やかな友愛や、気ままで自由な愛を示しています。心が解放されているため、誰とでも親しくなれる能力も持ち合わせているでしょう。

　しかし、各スートにおける4人の王女の中で、「杯の王女」は最も純真でありながらも、最も幼く未熟な性質を持っていることは否めません。ネガティブなイメージで出ると、真面目さや深刻さのない無思慮な言動、先を考えない脳天気な行動、稚拙で頼りない未熟な人物像などの意味が表れます。

❋ 各意味の読み取り例

全体運　純粋でポジティブな、自由な精神状態。
　　　　周囲の人達と、素直な感情で楽しく関わる。
　　　　親切心や慈愛心を伴った人間関係や行動。
　　　　気分で動く、未熟で幼い精神状態や人間性。

| 恋愛運 | 枠や制限のない中での爽やかな恋愛交際。
計算のない、純真無垢な恋愛感情。 |

| 仕事運 | 芸術方面など、感性や創造性を活かせる仕事。
気の向くままに動き、仕事能力に欠ける。 |

杯のエース
ACE OF CUPS

キーワード Keyword

神的で純粋な愛のエネルギー

占星術 Astrology

水の元素

❋ 象徴の解説

　最も神秘的で純粋とされる、水の元素の本質を表します。「棒のエース」は男性性として、男根（リンガム）と太陽が基でしたが、それに対して「杯のエース」は女性性として、女陰（ヨーニ）と月に関連づけられています。この2枚のカードは、補完し合っているのです。

　ビナーの暗黒の海の上では、色鮮やかな二つの蓮の花が杯の上で一つに合体し、そこから生命の液体が流れ出て、大きな杯を満たしています。このカードの中では、生命の液体は純粋な水ですが、必要に応じて、ときには血やワインに替えられます。ここには描かれていませんが、クロウリーは、「杯の上方から、中の液体を清めるために、聖霊の鳩が降りようとしている」と記載しています。また、杯の底には月が存在しています。杯を支えているのも愛の象徴である蓮の花であり、このカード全体で、曇りのない純粋な愛のエネルギーを表しているのです。

❋ 占い上の意味

　水は、感情や愛情を司ります。この杯に満たされた水は、物質として顕現する前の純粋な水の元素の本質であることから、このカードは純粋な愛のエネルギー、一点の曇りのないピュアな精神状態、愛と同様に高い波動を持つ感情である、感謝や感動などを示しています。まだ物質化していない段階であるため、そこには見返りを求めたり、愛されるために計算高く振る舞ったりするような行為は一切存在しません。天から杯に輝く白いエネルギーが注がれているように、短所もひっくるめて全てを隈なく愛するような、神的な愛のエネルギーを表しているといってもいいでしょう。

　ネガティブに出ると、自分自身をガードせずに人を真に愛したり信頼したりすることで、心を傷つけられることや、世間知らずであるが故の問題など、傷が自己に向かうことを示します。

❋ 各意味の読み取り例

全体運
神の愛に近い、純粋で穢れのない感情や性格。
魂が感動で震えるような、素晴らしい体験。
芸術などに触れて、心から感動や感謝をする。
繊細すぎて、些細なことで傷つき心を痛める。

恋愛運
見返りを求めず、相手の全てを心から愛する。
心から感動や感激することの多い、恋愛交際。

仕事運
収益は度外視し、奉仕精神を持って働く。
人々の心に豊かな感動や喜びを与える仕事。

181

杯の2

【愛】LOVE

キーワード Keyword

ピュアなときめきや幸福な恋愛

占星術 Astrology

巨蟹宮の金星

※ 象徴の解説

　水の元素の最初の顕現であり、最も高くて良質な水の形を表します。このカードには、水のテーマである「愛」が、そのまま名称として与えられています。受容性に富む巨蟹宮の金星が配属され、無邪気で純粋な愛の形は、「杯のエース」から継続されています。

　海に浮かぶ桃色の蓮の花から、別の蓮の花が高く伸びていて、その茎の周りに一対のイルカが絡まっています。このイルカは、「杯の王女」のものと同じです。イルカの象徴は複数ありますが、イルカは錬金術にとって神聖であり、2匹が絡み合うことで、愛の結合を意味しています。高い蓮の花から透明な水があふれ出し、手前にある二つの杯に注ぎ込まれ、その二つの杯からは、静穏な海上に流れ出ています。調和したその流れは、噴水のように美しい光景です。

　このカードは、主に男性と女性の調和を表します。それは強烈な歓びと恍惚感を伴うものであり、よって「恋愛」の意味が強調されるのです。

❋ 占い上の意味

　クロウリーは、各スートの「2」は、常に言葉と意志を表すと記述しています。ここでは愛の意志を示し、愛は分割から統一を取り戻すという、融合させる作用があります。このカードが「男性と女性の調和」を示すのは、左側のイルカの眼が男性性を示す金色であり、右側のイルカの眼が女性性を示す銀色であることからも、うかがえます。そのため家族愛や友愛ではなく、男女間の恋愛を表しているのです。まだ顕現したばかりの愛であることから、まるで少年と少女のような、ピュアな恋愛であるといえるでしょう。

　そのためこのカードには、恋に落ちること、恋愛をすること、ときめきを感じる状況、ロマンチックな愛などを示しています。真剣で深い愛情ではなく、まだ生まれたばかりの高揚感や期待感を伴う、純粋無垢な恋愛感情であるといえるのです。ネガティブな面が強調されると、深みがなく、すぐに消滅するような淡い感情などを示します。

❋ 各意味の読み取り例

全体運
身近な人や状況に、ときめきを感じる状態。
未来に対して、ピュアな期待感を持つ。
身近な人と調和し、浮かれた気分で過ごせる。
深く考えずに期待したり、有頂天になる。

恋愛運
愛し愛され、幸福感やときめきを感じる状態。
少年少女のような純粋な恋愛をする。

仕事運
異性と関わり、ドキドキするような仕事。
仕事を通して、人々に愛や幸福感を与える。

杯の3

【豊潤】 ABUNDANCE

キーワード Keyword

深刻さのない軽く楽しい状態

占星術 Astrology

巨蟹宮の水星

❋ 象徴の解説

　このカードは「豊潤」や「豊かさ」と呼ばれ、水のスートにおける、生命の樹の「ビナー」に関係しています。「杯の２」で顕現した愛の観念が、結実したものであるといえます。西洋占星術では、巨蟹宮の水星に関係します。水星は意志や言葉であり、それが受容性の高い巨蟹宮にあるため、意志や言葉を疑いもなく受容する様子も示しています。

　このカードは、ギリシャ神話の豊穣の女神デーメーテールと、その娘である冥界の王妃ペルセポネーに関係します。描かれた三つの杯は柘榴の実でできており、柘榴はペルセポネーが冥府の王ハーデスの王国で食べた果実です。「杯のエース」と同様に、暗く穏やかなビナーの海から蓮の花が立ち上がり、花は三つの柘榴の杯に、勢い良く透明な水を注ぎ込んでいます。その水は止まることなく杯からあふれ出し、ビナーの海に流れ込んでいます。これは、あふれるほどの豊かな愛や情を象徴しています。

　ペルセポネーは、柘榴の実を食べたがために、１年間の３分の１の期間は冥界に閉じ込められることになりました。このため、「人生において都合の良

いことは、楽しかろうと疑ってかかるべきである」という教訓を示すと、クロウリーは記述しています。

☀ 占い上の意味

　多くの蓮の花からふんだんに水が注がれ、全ての杯からあふれ出しています。その様子から、心の中が純粋な楽しさや陽気さで満ちあふれ、喜びの状態に浸っていることを意味しています。「杯のエース」から続いてきたここまでの流れで、まだ水の元素は曇りや挫折を経験していません。人生は楽しい出来事が満ちていると信じ、疑うことを知らない状態です。あまりにも楽しさで心が満たされているために、それを他の人達と分かち合い、伝え合わずにはいられないほどの心理状況を示しています。全ては遊びやゲームであるというような、深刻さのない感覚です。

　具体的な意味としては、陽気でテンションが高い状態、軽いノリの遊び心、深刻さのない軽く楽しい気分、お祝いやお祭りのような気分、笑い声のある陽気な交際などが挙げられます。

　ネガティブな意味では、楽観的で無頓着になりすぎること、今の楽しみに酔って先を考えないこと、表面的で軽薄な思考や行動、深刻な物事を見て見ない振りをして避けることなどが表れます。

☀ 各意味の読み取り例

全体運	遊び心や陽気さで、心が盛り上がる状態。 楽観的になり、何事も軽く楽しく取り組む。 軽い興奮や笑いのある、楽しい交友関係。 物事を楽観視しすぎて、陰の部分を見落とす。
恋愛運	異性と意気投合し、会話やデートを満喫する。 まだ深刻さのない、軽いノリの恋愛関係。
仕事運	周囲の人達と楽しさを分かち合える仕事。 表面的に成果が出ても、先行き不透明な状態。

杯の 4

【贅沢】 LUXURY

キーワード Keyword

安全や贅沢への保守的態度

占星術 Astrology

巨蟹宮の月

✲ 象徴の解説

　生命の樹の「ケセド」に関係する各スートの4は、各元素が固体化・物質化し、安定する状況を示します。ここでは水のエネルギーが安定し、「贅沢」と呼ばれます。「杯の3」の楽しく浮かれた精神状態が落ち着きを見せ、満たされた状況に慣れてきたことを示します。西洋占星術では、巨蟹宮の月に配属されています。月は巨蟹宮が本来の宮であり、非常に静穏で居心地が良く、その中では努力や創意工夫をする必要がありません。そのため弱さや欲望に身を任せ、腐蝕し始めることを意味するのです。「杯の3」の中の快楽の果実の中に、腐蝕の種子を入れるような状態です。ここでは四つの杯は平衡を保ち、ある程度は安定しているとはいえ、水が持つ純粋さは、満足する過程で失われました。状況は変化しないのに感情があふれないのは、下の二つの杯から水があふれ出ていないことで示されています。

　空は暗くなり始め、海の表面は小さく波立っており、不穏な気配を見せています。その上に立つ四つの杯は、時々不安定になります。4は固定化や物質化を示すと同時に、制限や拘束も意味するのです。

❋ 占い上の意味

杯に止めどもなく水が流れ込んでいるのは、「杯の2」や「杯の3」と変わりません。しかし下の二つの杯からあふれ出ていないのは、心が満たされていないこと、感動していないことを表しています。巨蟹宮が内側にあるものを守る性質を持つように、常に杯を満たさなければならないという、保守的な段階に入っているのです。

それは、状況を満たして安全にしておくことを優先し、感情には制限をかけている状態です。純粋な喜びを感じるのではなく、「〜せねばならない」という規範意識が付随しているのです。

具体的な意味には、快適な状態に執着して保守的になること、リスクを避けて安全性を重視すること、感情の動きを無視して思索によるメリットを重視すること、変化や刺激よりも無難さを求めることなどが挙げられます。周りから見た状況は安定して恵まれているものの、心はそれに縛られ保守的になり、純粋に喜びを感じられない状況なのです。

❋ 各意味の読み取り例

全体運
豊かな現状に執着し、保守的になる状態。
変化やリスクを恐れ、安定性を重視する。
手にしている幸福を失うことを恐れる。
安定し贅沢な状況でも、心は弾まない状態。

恋愛運
変化がなく安定した恋愛状況が続いていく。
愛され安定していても、倦怠感が漂う恋愛。

仕事運
良い状態で定着しても、停滞感のある仕事。
変化を避け、ルーチンワークが続いていく。

杯の5
【失望】 DISAPPOINTMENT

キーワード Keyword
喜びや期待感の喪失

占星術 Astrology
天蠍宮の火星

※ 象徴の解説

　このカードは、生命の樹で厳しさのある「ゲブラー」に支配され、自然と反感が生じる状態です。西洋占星術では、天蠍宮の火星に配属されています。火星にとって天蠍宮は本来の位置ですが、水の元素の火星は「ゲブラー」の中で悪い形で出やすく、天蠍宮は水の腐敗力というネガティブな形で顕現します。そのためこのカードは、「失望」と呼ばれます。「杯の3」で最高潮となった喜びは「杯の4」で失速し、ここで喪失されるのです。火の元素は「ゲブラー」で闘争心を高めますが、穏やかな水の元素に厳しさは完全不調和であり、不幸感しか生じないため、「失望」となるのです。

　激しい風によって、蓮の花が強引に散らされています。脆いガラスの杯の中には、水が全く入っておらず、澱んだ海もすっかり渇き切り、死の海となっています。また、五つの杯は、悪魔崇拝の象徴である逆五芒星の形に配置されており、物質が精神に勝利することを象徴しています。

　このカードは、安楽な時に生じる予期していない妨害を示しています。期待している快楽が、得られない状況なのです。

※ 占い上の意味

　杯のカードの中で唯一、水が全く描かれていないカードです。水が象徴する愛情や豊かな感情が、完全に枯渇している状態を示しています。蓮の花は水がなく萎れかけていますが、その上に強風に煽られる救いのない状態で、希望を感じることができません。

　こうしたことからこのカードには、期待していたことが起こらず失望すること、喜びの感情を喪失すること、満たされていないという空虚感を味わうこと、不満を抱えること、何かを強く切望して苦しみを感じることなどが挙げられます。しかし、杯や水は感情を司りますから、物質的には満たされていないという訳ではありません。周囲から見れば決して不幸な状況ではないにも関わらず、心の中は乾燥し切り、空虚感に埋もれているという場合も存在するのです。

※ 各意味の読み取り例

全体運
期待していたことが起こらずガッカリする。
喜びの感情が喪失され、空虚感を味わう。
心に潤いがなく、カサカサになっている状態。
得られない何かを、強く切望している状態。

恋愛運
相手からの愛情を得られず、失望する。
異性を愛するエネルギーが枯渇している状態。

仕事運
期待していた成果が得られず、失望する。
やり甲斐や充実感を味わえない仕事。

杯の6
【喜び】 PLEASURE

キーワード Keyword

自然の調和による喜びや楽しみ

占星術 Astrology

天蠍宮の太陽

※ 象徴の解説

　このカードは、「喜び」や「楽しみ」と呼ばれ、生命の樹では水のスートの「ティファレト」の影響を受けています。調和を示す「ティファレト」に太陽の力が加わり、ポジティブな面が強化され、完全に調和が取れた喜びを示すのです。天蠍宮に位置した太陽が配属され、絵柄の中では太陽が水に対して、天蠍宮特有の腐敗作用を引き起こしています。それは決してネガティブなものではなく、土壌の豊かさと生命の基盤を形成するものです。そのため、このカードにおける喜びは、豊かな土壌が根本にあり、著しく肥沃なカードであるといえます。「杯の9」と並び、最高のカードの中の一つなのです。

　蓮の茎は踊るようにくねりながら、美しく集まっています。六つの花からシャワーのように、水が杯の中へ勢い良く流れていますが、杯はまだあふれるほど満ちていません。真の満足に向かう上での過程という、最も希望に満ちた状態であるといえるでしょう。

☀ 占い上の意味

このカードが示す「喜び」は、様々な喜びの中でも最上のものです。それは訪れたばかりの、次第に満ちていくことを実感できる幸福感であり、無理な努力や緊張感を伴わない、自然な力による調和であり、リラックスした状態の中での楽しさを意味しています。蓮の茎が流れるラインを形成しているように、あくまでも宇宙の流れに任せることによって得られる喜びです。不自然な力によって流れを捻じ曲げ、何かを犠牲にして得るような欲望充足による満足は、このカードの範疇ではありません。

具体的な意味には、満たされていく途中の段階、快楽を味わうこと、単純に楽しむために何かに取り組むこと、好きなことだけをすること、幸福感や満足感、期待感に満ちたポジティブな状態などが挙げられます。ネガティブな面が強調されると、快楽を求めすぎる傾向、努力や忍耐の姿勢には欠ける状態などの意味が表れます。

☀ 各意味の読み取り例

全体運
良い流れに乗り、喜びや楽しさを感じられる。
満たされる状態に向かっている途中の段階。
自然の流れの中で、目標達成に向かえる。
好きなことや楽しいことだけに取り組む状態。

恋愛運
異性からチヤホヤされ、楽しめる恋愛状況。
恋をすることで、多くの楽しみや喜びを得る。

仕事運
自然の流れの中で、仕事の目標へ到達する。
才能を無理なく活かし、幸福感を味わえる。

191

杯の7
【堕落】 DEBAUCH

キーワード Keyword

快楽など俗物的欲望に耽溺する

占星術 Astrology

天蠍宮の金星

※ 象徴の解説

　各スートの「7」は、生命の樹の中央の「ティファレト」から外れた「ネツァク」に関連し、均衡が崩れることによって脆弱になります。「杯の7」は「堕落」と呼ばれ、幻の勝利を意味します。西洋占星術では、格式が敗である天蠍宮の金星に支配され、金星が持つ「うわべは華やかでも、内面は堕落している性質」が、強調されるとしています。

　けばけばしい色合いの杯は堕落の性質を具現し、その配置は生命の樹の深淵の上部という神聖な部分を欠いた形となり、二つの下向きの三角形が組み合わさっています。物質界を司る「マルクト」を重ねた一番下の杯は、他の杯より遥かに大きく、強大な力を持っています。蓮の花は垂れ下がって毒を持ち、鬼百合のような姿をしています。腐った水である緑色の粘液が花から杯に流れ出て、それが杯からもあふれ出し、海を澱んだ沼地に変えてしまいました。

　天蠍宮の腐敗力は、ここでは最悪な結果をもたらします。このカードは、「杯の6」を邪悪にしたもので、人間が心に抱くネガティブな観念の一つを示し

ます。例えば麻薬中毒による妄想や幻想など、誤った快楽の泥沼に沈んでいくのです。その終着点は、狂気であるとされています。

※ 占い上の意味

　カードに描かれた生命の樹の神聖な部分が欠け、物質界を示す「マルクト」が巨大化していることからも、高貴な精神性を失い、自堕落で俗物的な欲望に支配される状態であることが分かります。「杯の6」が示す自然に訪れる喜びや楽しみにすっかりはまり、それに耽溺し、抜け出せなくなっている状態です。「楽をして得したい」と感じる状態であり、「杯の6」から引き続き、自ら汗水たらすような努力や忍耐の姿勢が、一切見られない状態です。幸福の追求も、方法を間違ったり度を超えたりすると、自分を破滅に追いやる結果につながるのです。

　このカードの具体的な意味は、耽溺する状態、何事も過度になる状態、耽りすぎること、何かへの依存症、薬物やセックス、快感や快楽を得るための暴飲暴食、現実から逃げるために快楽や堕落に向かうことなどが挙げられます。

※ 各意味の読み取り例

全体運
喜びを感じることに、耽りすぎる状態。
楽をして得することを求める堕落した状態。
現実逃避のために、快楽に溺れる状態。
悪いと分かっていても、やめられない状態。

恋愛運
肉体的快楽を求めることだけが目的の恋愛。
腐れ縁にはまり、抜け出せない状態。

仕事運
創意工夫を取り入れず、惰性で取り組む仕事。
楽することを追求し、成果が上がらない状態。

193

杯の8
【怠惰】 INDOLENCE

キーワード Keyword
怠惰と疲労による無気力感

占星術 Astrology
双魚宮の土星

※ 象徴の解説

　このカードは、双魚宮の土星に支配されています。双魚宮は穏やかな分だけ水は澱み、それを土星が制圧し、動きを鈍化してしまいます。そのため水はもはや海を形成せず、単なる水溜まりと化しています。そうしたことからこのカードは、「怠惰」と名称づけられています。生命の樹では「ホド」に対応し、断念した栄光を示します。

　「杯のエース」から「杯の7」まで咲き続けていた蓮の花は盛りを過ぎ、陽光と雨不足のために萎れ、二つの花だけが辛うじて残っています。八つの杯は、古く壊れている上に非常に浅く、上段の3個の杯には全く水が入っていません。中段の二つの蓮から水が滴り落ちてすぐ下の杯を満たし、そこからあふれて下段の2個の杯に流れ落ちています。しかし下段の杯は、あふれるほど水は満たされてはいません。

　非常に広大な耕作不可能な土地が広がり、その水溜りの水は、暗く濁っています。その土壌は蓮にとって有害であり、荒廃した土地には病害が蔓延しています。重苦しい雲が空一面を覆い込み、不快さが頂点を極めた様相を呈

しています。しかし、水平線には僅かに黄色い光が射し、遠い先にはかすかな希望が待機している気配を残しています。

※ 占い上の意味

「杯の７」と「杯の８」は印象が似ていますが、生命の樹でも対極に存在することから、一対の人間の過ちを表しています。「杯の７」が示す堕落した耽溺に疲れ果て、このカードが示す無気力状態にたどり着くのです。それは、物質的で俗物的な快楽の追求が、真の幸福を遠ざけると気づいた状態であるともいえるでしょう。まだ蓮の花が２輪残っているように、そして水平線には僅かな陽光が輝くように、無気力な中でも心の根底では、希望を求めているのです。

　具体的な意味には、怠惰による無気力な状態、何かを徹底的にやり尽くして、疲れ切った状態、疲労困憊していること、何もする気が起きない精神状態、無力感、豊かな感情や愛情の枯渇などが挙げられます。もっと軽い場面においては、面倒臭さや疲れから、やるべきことをサボることなども読み取れます。前進するための活力が、すっかり欠落している状態です。しかし「杯の７」と違う点は、真理に気づいており、実はそうした状況に、罪悪や後ろめたさを感じているという点です。

※ 各意味の読み取り例

全体運
怠惰や疲労による無気力な精神状態。
何かをやり尽くして、疲れ切った状態。
疲れにより、愛情や感情が枯渇している。
最悪な状況の中に、僅かな希望の光が見える。

恋愛運
愛情が枯渇し、恋愛に無気力になっている。
恋愛を頑張りすぎて、疲れ切った状態。

仕事運
労働意欲の欠如による、怠惰な仕事振り。
頑張りすぎて、燃え尽き症候群に陥る。

杯の9
【幸福】 HAPPINESS

キーワード Keyword

最高に完成された幸福

占星術 Astrology

双魚宮の木星

※ 象徴の解説

　このカードは、「幸福」と呼ばれます。各スートの「9」を司る生命の樹の「イェソド」は、「8」の「ホド」から中央の柱に戻り、安定性を回復させます。このカードは、格式が盛となる双魚宮の木星が支配し、木星が意味する幸運の勢いが増大します。その上に双魚宮は、水の元素の中の穏やかさを示します。これらが全て理想的に調和するため、このカードは非常に良いカードであるといえます。幸運の中でも、特に豊満という意味が強調されるとしています。

　カードの中に9個の杯が、縦3列横3列というきれいな四角形に配列されています。その全ての杯に、美しく咲く蓮の花から水が注がれ、杯から満ちあふれ出しています。これは、水が象徴する豊かな感情があふれる状況を示すと同時に、水の元素の力が完成され、最も幸福度が高く、人々に最大のメリットを与える様相を示しています。同様に幸運度の高い「杯の6」は、まだ杯から水があふれておらず、満ちていく状況を示していたのに対して、この「杯の9」は、既に完成された最高の満足感を表しているのです。

✳ 占い上の意味

　情緒や感情を示す杯のカードの中で、この「杯の9」が、最高に完成された幸福を表します。スモール・カードの中では、最も幸運度が高いカードであるといっても良いでしょう。まるで長年の夢や目標が叶った瞬間に味わうような、最高潮の幸福感や高揚感を示しているのです。しかし、高次の視点から見た至高の幸福ではなく、あくまでも物質的な状況に依拠した幸福を表します。ですから永遠ではなく、欲望が満たされたことによる一時的なものであり、次第にその高揚感は消え失せ、また次の欲望が生じるのです。最大の満足は、そのまま固定することなく、腐敗の基盤となっていきます。

　具体的には、最高に幸せだと感じる頂点の状態、欲望が満たされた瞬間に起こる高揚感、完璧な幸福の瞬間、自分の内側ではなく外側からやってくる喜び、一時的な幸福などを意味します。ネガティブな場合は、それ以上に求められる幸福がないことなどを示します。

✳ 各意味の読み取り例

全体運
夢や理想が実現したときの、最高の幸福感。
欲しい物を入手し、恍惚感や高揚感を味わう。
幸福を手にし、一時的に盛り上がる感情。
全てを達成し、次に追う夢や目標がなくなる。

恋愛運
愛する人と、最高に幸福な状態を築ける。
結婚の成功など、恋愛における夢が実現する。

仕事運
仕事上の目標を達成し、幸福感を味わう。
仕事を通して、自分も周囲も幸せになる。

杯の 10

【飽満】 SATIETY

キーワード Keyword

全てが満たされたことによる飽満感

占星術 Astrology

双魚宮の火星

※ 象徴の解説

　杯の最後のカードであり、水の元素の仕事はここで完了します。このカードは生命の樹の「マルクト」の影響を受け、俗物的な要素があることを強調しています。西洋占星術では双魚宮の火星の影響を受けますが、双魚宮が持つ平和で穏やかな波動と、攻撃性の強い火星の波動は対照的です。そのため、ここでは騒乱が起こる可能性があるとしています。火星の激しさが、双魚宮が表す澱んだ水を、腐敗させてしまうのです。

　このカードは、「飽満」と呼ばれます。杯のカードは「エース」から順を追って、快楽を繰り返し得ることにより、完全な成功にたどり着くことができました。「杯の9」の完成された幸福から、更に一歩進んだ状態です。

　しかし、欲しい物が手に入った瞬間から、その物への興味は薄れ、結局それほど欲しくなかったことが分かります。全てを手に入れた後には、自分が支払う番が待っているのです。

　10個の杯は、生命の樹のセフィロトと同じ配列になっています。背後には赤く巨大な蓮の花が描かれ、そこから勢い良く水を噴出し、10個全ての杯に

流し込んでいます。しかし、杯は傾いていて不安定です。その上に杯から水はあふれ出しておらず、満足感が得られていないことを物語っています。

※ 占い上の意味

「杯の9」で最高の幸福感を味わった後に、その状態を維持することに伴う、倦怠感を示しています。満腹の状態であれば、美味しい物を見てもウンザリするのと同じです。欲しいもの全てを手に入れて満足しているはずなのに、それ以上に求めるものを見つけられず、気分は退屈しています。かといって、この完成された状態を失いたいとは思えません。どうにも動かしようのない状況の中で、充足感と退屈の境界線にいる状態であるといえるのです。

　このカードの具体的な意味には、完成されて動かしようのない状態、欲しいものは全て手にした状態、十分に満たされた上で退屈している状態、飽き飽きしている状態、マンネリ感や倦怠感などが挙げられます。目に見える物質的な状況は完成されて満たされているけれど、感動する精神的な段階はとっくに通り越し、退屈している状態であるといえるのです。

※ 各意味の読み取り例

全体運
完全な成功にたどり着き、状況が固定化する。
希望が全て叶い、その希望自体に興味を失う。
満たされている状況の上で、退屈感を覚える。
多くを手にして、マンネリ感や倦怠感を持つ。

恋愛運
交際が安定しているため、倦怠感を覚える。
愛情より、形式的なつながりを重視する交際。

仕事運
仕事の理想や目標を完全に達成し、完成する。
完成された状態を得られ、進展性がない状態。

199

剣の騎士
Knight of Swords

キーワード Keyword

焦点の合った意志や思考

占星術 Astrology

金牛宮の21度から双児宮の20度

✳ 象徴の解説

　剣が風、騎士が火を司ることから、「風の宮の火」を象徴します。剣の騎士は風であり嵐であって、天空を駆ける「大嵐の神」であるとされています。風は行動ではなく思考を司ることから、このカードはスピーディーで激しい思考の動きを示しています。

　剣の騎士は、甲冑を身にまとった戦士であり、かぶった冑(かぶと)の頂点には、回転する4枚の透明な翼がついています。この翼の回転力により、馬と共に天空を疾走することができるのです。この翼には1枚ずつ、東西南北の方角を示す文字が書かれており、彼がどの方角であっても自分の意志で飛べることを示すかのようです。彼は狂った馬に乗り、右手には剣を、左手には短剣を持ち、進行方向に突き出しています。これは戦士である彼の、攻撃性の高さを表しているのです。彼が表す概念は、「攻撃」であるといえます。

　しかし、決して殺戮(さつりく)だけを求めて飛行しているのではありません。彼は生涯を賭け、ひたすら大望を追うことに専心しているのです。それは理想的な一条の光であるといえるでしょう。

この騎士が持つ性格は、活動的で頭の回転が速く、鋭敏で巧妙です。激しく勇気がありますが、神経が細く繊細な面も持っています。視野が狭く、自分の考えに囚われる傾向があります。しかし時間をかけて熟考するタイプではなく、ふと頭に閃いた思いつきによってアクションを起こすのです。

西洋占星術における「剣の騎士」の管轄は、金牛宮から双児宮にかけての30度です。金牛宮の位置が安定させることに関与し、双児宮のはじめの10度は、インスピレーションを促進させます。

ネガティブな面が強調されると、彼の決断力やインスピレーションは鈍り、決定や決意ができなくなります。反対者により行く手を阻まれ、行動を妨害されることもあります。その場に合わない激しさは、何の益も生まないことが分かるのです。

※ 占い上の意味

騎士の冑に各方角を示す翼がついていることから、彼は自分の意志により、自由に進行方向を決めることができるでしょう。インスピレーションにより決断を下したら、彼は狂った馬に乗り、すぐにその方向へ向かって飛び立つことができます。雲やツバメも騎士と同じ方向へ進むように、全ての動きを統一化するほどの、高い集中力を発揮するのです。

風の元素である剣のスートは、行動面や感情面よりも、意志や思考の動きや持ち方にスポットが当たります。そうしたことからこのカードの具体的な意味には、焦点の合った思考や意志、一点に集中すること、高い集中力、堅く揺るがない決意、決意と共に迷わず走り出すこと、脇目も振らずに前進することなどが挙げられます。

ネガティブなイメージが強調されると、攻撃的な精神力、視野が狭く目標以外のことが見えない状態、自分の見方に固執して、現実が見えていない状態などの意味が表れます。

✳ 各意味の読み取り例

全体運
目標を一点に絞り、それに向けて疾走する。
揺るぎない意志による、素早い行動力。
脇目も振らず、一つのことに集中する。
視野が狭く、自分の考え以外が見えない状態。

恋愛運
好きな異性に向かって、猪突猛進していく。
異性からのストレートなアタックを受ける。

仕事運
仕事の目標を定め、それに向け全力投球する。
スピーディーな目標到達を目指していく状態。

剣の女王
Queen of Swords

キーワード Keyword

頭脳明晰で客観的な思考

占星術 Astrology

処女宮の21度から天秤宮の20度

※ 象徴の解説

　剣が風、女王が水を司ることから、「風の宮の水」を象徴します。知性や思考の風と感情の水の融合であり、風の元素の中の融通性と、伝達力を表すとしています。「剣の女王」は処女宮21度から天秤宮20度までを支配しますが、天秤宮が風の中央の宮であり、処女宮は水星が支配星であることから、共に高い思考力を持つ宮です。

　女王の座る王座は、空中の高い雲の上にあります。子供の頭が羽根飾りとしてついている冑(かぶと)を頭につけ、その冑は思考や精神の象徴である鋭い三角形の組み合わせで造られています。その頂点から光線が何本も放出され、天の雫でできているとされる、剣の女王の帝国を照らしています。女王の上半身はほとんど裸で、光を反射させるベルトと長い腰布を身につけています。右手で剣を持って振りかざし、左手には切り取ったばかりの、長い髭を生やした男性の頭をつかんでいます。彼女は理念に基づいた、クリアな思考や知覚を持ち、同時に閉ざされて枠にはまった精神を解放する力を持っているのです。

「剣の女王」が象徴する人物像は、優れた観察力と理解力を持つ、頭脳明晰な人物です。感情に巻き込まれない客観性と、非常に優れた平衡感覚を持っています。そのため、どういった場面でも自信を持って、正確な決断を下せるでしょう。他者と慣れ合う無駄な情緒がなく、孤独に耐えうる個人主義者でもあります。合理的であっても身のこなしは優美で、それを見る者を恍惚とさせるほど、洗練されています。

　ネガティブな性質が強調されると、こうした頭脳明晰さは全て、建設的ではない目的に向けられます。辛辣で意地悪くなり、残忍で悪賢く、人を蹴落とすために計算高い嘘を吐くようになります。自分の決定が絶対的なものであると信じ、否定や妨害には耐えられず、癇癪を起こすでしょう。外面が美しく魅力的である分、人を深く傷つける危険性をはらむのです。

✳ 占い上の意味

　女王が空の高い位置にいるのは、俗世間から意識を離した高い精神性を持つことをイメージさせます。髭を生やした男性の頭を切り取っているのは、権威や古い意志、古い体制などを容赦なく切り捨てることであり、それだけ権威や既存のものに惑わされない、クリアな意識を持っているといえるのです。その無情で合理的な思考と行動が、人の愛情や情緒さえも断ち切ってしまい、個人主義という孤独な状況に追い込まれていることは否めません。しかし、頭脳明晰さを活かして様々な判断を下し、正しさを伝達することは、「剣の女王」に与えられた役割であるといえるでしょう。

　そうしたことからこのカードには、頭脳明晰な状態、物事を明確に見る客観的な思考、分析的思考による判断力、情に流されない合理性と決断力、感情に巻き込まれない客観性、知性による容赦ない決定、本質を見抜く明晰さ、丁重で公正な自信に満ちた行動などの意味があります。

　ネガティブな印象が強い場合は、辛辣で意地悪い人物、無感情に人々を傷つける言動、知性や鋭い言葉を振りかざす姿勢、知性の悪用、愛情や人情に

欠けて孤独な状況に陥ることなどの意味が表れます。

☀ 各意味の読み取り例

全体運
頭脳明晰で平衡感覚と判断力に優れた人物。
知性と分析力により、正確な判断を下す。
知的能力や鋭い言葉を振りかざす。
自ら人を切り離し、孤独な状況に追い込む。

恋愛運
女性側が冷淡で愛情に欠ける、困難な恋愛。
言葉や態度のキツさで、ギスギスした恋愛。

仕事運
鋭い分析力と判断力が、良い成果をもたらす。
頭脳明晰な女性の力が、有意義に働く。

剣の王子
PRINCE OF SWORDS

キーワード Keyword

進路の障害物への批判や苛立ち

占星術 Astrology

磨羯宮の21度から宝瓶宮の20度

❋ 象徴の解説

　剣が風、王子が風を司ることから、「風の宮の風」を象徴します。風の中の風であることから、理性を表す理知的な絵柄であり、このカードの中で風の元素は、様々な幾何学模様として表されています。それらの幾何学模様は、細かい分析力や理知的な力を示すと同時に、明確な目的を持たない精神力でもあるとされています。

　剣の王子は、細かい素材が組み合わされてできた甲冑を身につけており、それには複雑な模様をした飾りがついています。彼の戦車は円形が組み合わされた構造であり、八面体を入れた緑色の球を乗せ、特に綿密な幾何学的模様を取り入れています。こうした理知的で分析的なエネルギーを持つ戦車を牽くのは、幾何学模様の翼のついた、3人の子供達です。子供達は勝手気ままなエネルギーであり、統一性がなく、それぞれが好きな方を向いて飛び跳ねています。そのため、この戦車を動かすことはできますが、目的とする方向へ進めるのは不可能です。クロウリーは、「これが『心』の正確な描写である」と記述しています。目的を達成するには意識の統合が必要であり、様々な邪

念が障害となるのです。

王子は右手に創造の力を持つ剣を振りかざし、左手には鎌を持っています。自分が創造するものを、鎌によって即座に破壊する短気さがあります。

このカードが象徴する人物像は、ひと言でいえば理知的で、聡明で合理的です。しかし明確な目的が定まっておらず、常に頭の中は、様々な計画や思考でごった返しています。理想は立派なものばかりで、それに実際的な努力や行動が伴っていません。現実を見ずに頭の中で推論ばかり行うため、世界は自分の理想通りに動くと思える状態です。そのため後悔や反省をすることなく、持論を主張し、相手を論破することができます。

こうしたタイプはまるで嵐のような存在で、安定性に欠け、制御するのが困難です。地に足がつかず目的が定まらないため、一時的な流行を追うなど、気紛れに走りがちです。戦車を牽く子供達の様相は、王子の意識をも表しているのです。

※ 占い上の意味

カード全体に尖った幾何学模様が描かれているように、王子の精神状態も鋭く尖り、イライラとしています。高く上げられた王子の剣は、戦車を牽く3人の子供達に向かって振りかざしているように見えます。思い思いの方向へ動く子供達は、役に立たない邪念の象徴でもあり、王子はそれらに腹を立てているのです。子供達に剣を振り落とし、攻撃して痛い目に遭わせるか、バッサリと切り落とそうとして、真の自由を得ようとしているのでしょう。若い王子は自由を制限し、押さえつけるものには我慢ができないのです。

具体的な意味には、古い物事や無駄な思考を取り除く必要性、何かを制限する物事や思考を切り捨てること、進行を遮る細かい障害物を次々と断ち切る姿勢、理論や理屈を重視することなどが挙げられます。

ネガティブな意味では、批判的でささくれ立った感情、苛立ち、現実性の乏しい理論や理屈、理論や分析に頼りすぎて、創造性に欠ける状態、理論や

理屈を振りかざすことなどが挙げられます。

　我慢できない物事を断ち切ろうとしているせいで、心が緊迫し、苛立った感情を抱えている状態であるといえるのです。

✳ 各意味の読み取り例

全体運
目的達成のための障害物を切り捨てる。
理論や分析力を重視し、思考を重ねる。
現実を見ず、理屈や理想論を振りかざす。
イライラとした批判精神を持っている状態。

恋愛運
言葉による暴力で、異性を痛い目に遭わせる。
攻撃的に振る舞い、異性を従わせようとする。

仕事運
今後の青写真についての思考を重ね続ける。
能力のない者は容赦なく叩かれる仕事状況。

剣の王女
Princess of Swords

キーワード Keyword
鋭く尖った攻撃的なエネルギー

占星術 Astrology
対応なし

※ 象徴の解説

　剣が風、王女が地を司ることから、「風の宮の地」を象徴します。不安定な風の要素の、地の物質的な形としての定着を示すことから、この王女は概念の具体化をもたらすとしています。天が地に与える影響を象徴するカードであり、神の怒りを表しています。

　剣の王女は、北欧神話に登場する戦場の女神とされるヴァルキューレの一人であり、その上にローマ神話の知恵の女神ミネルヴァと、ギリシャ神話の狩猟と月の女神アルテミスの特徴を帯びています。胄の羽根飾りは、蛇の頭髪を持つメドゥーサで、怒りと復讐の感情を表しています。背中には「剣の騎士」に似た回転する透明の翼があり、彼女が天に向かって飛べることが分かります。

　剣の王女は、神聖を汚されたことを怒り、復讐するかのように、剣を振りかざしています。ここは彼女の故郷であり、何者かによって地を荒らされ、祭壇を壊されてしまったのです。崩れた祭壇からはもうもうとした煙が雲のように立ち上がり、故郷の天と雲も怒っているように見えます。こうした雲

や煙は、騒然とした心理状態の乱れや無駄な思考をも表します。王女はそうした心の雲を、剣を使って払いのけているのです。

　戦場の女神ヴァルキューレの一人ということもあり、この王女の性格は厳しく、執念深さがあります。議論好きであり押しが強く、聡明さと器用さにより巧妙に論争を解決します。風と地の融合から、特に物理的な面で役立つ知恵を備えているのです。

　ネガティブな性質が強まると、智慧や才能はずる賢さに変わります。また、復讐心や怒りが前面に押し出され、剣によって人を傷つけることを厭わなくなります。

☀ 占い上の意味

　復讐心に燃える才気あふれたこの王女のように、明確な方向性と焦点を持った鋭い思考や表現力を表しています。また、王女が周りを覆う雲や煙を剣で払いのけていることから、妄想や不安など心の中を覆う雲を払いのけ、クリアな思考を取り戻そうとしている意味も読み取れます。彼女は復讐心を掲げて何者かに攻撃を仕掛けようとする場合もあれば、自分の心の中の葛藤と対峙する場合もあるのです。どちらにしても、鋭く尖った意識で何かと戦い、消滅させようとしている姿を示しています。

　こうしたことから、このカードの具体的な意味には、ズバッと切るような鋭い思考や言葉、頭の回転の速さと鋭い行動、自分の障害となるものを追い払おうとする意識、敵対している者へ復讐心や攻撃心、自分の心を覆う雲を取り払おうとすることなど、鋭く攻撃的な尖ったエネルギーに関することが挙げられます。

　ネガティブな性質が強まると、攻撃心が強く安易に人を傷つける性質、根に持ち強い復讐心を抱えること、智慧や才能を自分に有利になるように使うことなどの意味が表れます。

※ 各意味の読み取り例

全体運
怒りや復讐心による、攻撃的な姿勢。
敵対者や妨害者に対する攻撃的な言動。
人を論破するような、鋭く尖った思考力。
自分の心の雲を払い、意識をクリアにする。

恋愛運
異性に対して鋭く攻撃的な感情を持つ。
過去の異性の言動を根に持ち復讐心を持つ。

仕事運
鋭い思考力と論理性で、仕事を有利に進める。
仕事のライバルに対して、攻撃心を持つ。

剣のエース
ACE OF SWORDS

キーワード Keyword
大きな決断と勝利への意志

占星術 Astrology
風の元素

❋ 象徴の解説

　このカードは、父の火と母の水が結合した結果である、生命の樹の「ティファレト」に位置する風のエネルギーの根源を示します。剣のスートを司る風は、人間の意識によって理解される、最初の元素であるとされます。それよりも崇高である火の棒と水の杯のカードは、例え「杯の7」のようなネガティブなカードでさえも、「剣の4」という穏やかなカードより、高位に属しているのです。火や水と比べて、風は自発性に乏しく消極的に見えますが、目標とするものを襲撃する性質があります。知性や俊敏性を示す水星に属することから、火や水が司る感情から離れた人間としての意志が、風には備わっているのです。

　このカードには、魔術師の剣が描かれています。その剣の先には、アテュの数を示す22本の純粋な光を放射させた、王冠がつけられています。柄に近い刃の部分には、クロウリーの教えであり「意志」という意味を持つ、「テレマ」がギリシャ文字で刻まれています。この法の言葉は燃える光を放ち、カードの外周に沿って描かれている大量の精神の暗雲を、消散させています。

※ 占い上の意味

　剣は意志や言葉を象徴し、何かを切り分ける分析的な作用があります。このカードには、放射状の光線を放つ鋭い剣が1本だけ描かれていることから、ズバッと何か大きな決断を下すことを示しています。それは明晰で純粋な思考による閃きから得られ、的を射た決断であるといえるでしょう。それと同時に、温かみのある情には全くといっていいほど関与しない、強い攻撃性と合理的な姿勢も表します。この剣が王冠を掲げていることから、何かを勝ち取ることを目的としている場合があります。その勝ち取るものとは、物質的なものだけではなく、大勢からの称賛、誰かを打ち負かすことによる優越感、単純に何かの勝負事による勝利など、様々なパターンを意味しています。

　こうしたことから、このカードの具体的な意味を挙げると、大きな決断や決意、決心すること、何かで勝利すること、何かを打ち負かすことへの攻撃心や優越感、ハッキリとした自己主張、自分の優位性をアピールすることなどになります。ネガティブな印象が強調されると、知識や言葉の悪用、手段を選ばない残虐な方法による勝利、勝利に執着して物事の本質を見失うことなどの意味が浮上します。

※ 各意味の読み取り例

全体運
大きな決断を下したり、決意したりする。
何かの戦いに勝利し、自信や優越感を持つ。
強い闘争心やライバル心が、原動力になる。
知的行動により自分の優位性をアピールする。

恋愛運
支配的な言動を取り、交際を有利に進める。
腐れ縁など中途半端な恋愛をバッサリと切る。

仕事運
意見を強く打ち出し、有利に進める仕事。
仕事のライバルに打ち勝ち、トップになる。

剣の2
【平和】 PEACE

キーワード Keyword

バランスが取れた平穏で平和な状態

占星術 Astrology

天秤宮の月

❋ 象徴の解説

　このカードには、天秤宮の月が配属されています。月は変化を示しますが、その本質は平和であり、天秤宮は平衡を象徴します。そのため、このカードは「平和」と呼ばれるのです。

　風の元素である剣のスートは全て、知的要素を顕現します。しかし相反する性質の火と水の合体により生じる風は、その葛藤によって常に複雑に混乱し、動揺を表すことがあります。そして次の地では、それが具体化していくのです。しかし、ここでは平和と平衡を示す天秤宮の月により、剣のエネルギーが調整され、強烈な影響を受けずに安定しています。

　カードの中では、2本の剣が完全なバランスを取って交差し、その交差点で五つの花弁を持つ青い薔薇によって結合されています。この青い薔薇は母なる影響であり、慈悲と平和を象徴します。薔薇からは四方に白色光線が放射され、均衡を強調する形をした幾何学模様を生み出しています。こうして二つの剣のエネルギーは、完全に調和しているのです。

※ 占い上の意味

　攻撃的でネガティブな意味合いが多い剣のスートの中で、ポジティブな
カードです。「剣のエース」では単独だった強烈な力が二つになることで、共
に意見や知識を出し合い、協力する姿勢が生み出されます。鋭く厳しい剣の
スートには釣り合わない優しい薔薇の花が、2本の剣を結合し、完全にバラ
ンスを保っていることで、その意味は強調されます。戦いのムードは調整され、
両者の間に理解や友情が芽生え、平和と平穏さが訪れるでしょう。

　具体的な意味には、対立が調停されて和解すること、両者のバランスを取
ること、平和や平穏さを保つこと、調和された状態、安らぎリラックスした
状態、運命や流れに任せてくつろぐことなどが挙げられます。ネガティブな
イメージが強い場合は、一時的で表面的な調停や平和、見せかけの平和や和
解、激しい物事に対して見て見ない振りをするような、平穏を装う状態など
の意味を持ちます。

※ 各意味の読み取り例

全体運
バランスが取れた、平穏で平和な状態。
意見や知識を出し合い協力し合う関係。
相手を認め合う、調和的な人間関係。
一時的で表面的な、調停や平和。

恋愛運
お互いに対等である友人のような恋愛関係。
友情が深まることで、恋愛感情が生まれる。

仕事運
自分と周囲の意見が結合し、方向性が定まる。
周囲と力を合わせ、良い協力体制を築く。

剣の3
【悲しみ】 SORROW

キーワード Keyword

傷つけられたことによる悲しみ

占星術 Astrology

天秤宮の土星

❋ 象徴の解説

　このカードは「悲しみ」と呼ばれ、ここでは風の元素の分割や分離、不安定の観念が現れます。各スートの「3」は、生命の樹の慈悲深い母である「ビナー」に対応しますが、ここでは「ビナー」は、偉大なる暗黒の海として登場しています。背景に描かれたその波打つ暗黒の海には、嵐が忍び寄っています。「剣の3」は、ビナーの暗さと、エジプトの女神イシスの悲嘆を想起させるのです。それは個人的な失望のような大衆的な悲しみだけではなく、全世界的な悲しみであり、世界苦をも示しているとしています。

　「剣のエース」に登場する魔術師の偉大な剣が、カードの中央に描かれています。その上部には2本の短剣があり、魔術師の剣の先端で、その2本の結合を絶っています。その衝撃によって先端に咲く黄色い薔薇の花は散って台無しにされ、悲壮感を高めています。

　西洋占星術では、天秤宮の土星が配属されています。「興」の格式であることが土星の制圧を勢いづけ、更に悲しみを強調しています。「このカードは暗く耐えがたく、混迷する子宮のようである」と、クロウリーは記述しています。

※ 占い上の意味

　全世界的な悲しみを示すとされるこのカードは、悲哀や痛み、怒り、恨みなどのネガティブなものに対応しています。似た意味を持つカードには、他にも「失望」と呼ばれる「杯の5」や、「残酷」と呼ばれる「剣の9」があります。「杯の5」は、期待が叶わなかったことによる意気消沈した感情を司り、「剣の9」は「剣の3」よりも更に深い、既に涙も出ないほどの絶望的な状況を示します。「剣の3」は、魔術師の剣が2本の短剣の結合を引き裂くように、何かに傷つけられたことによる精神的な悲しみや、悲しみを伴う怒りなどを司ります。基本的には状況よりも感情の方に、焦点が合っているのです。

　具体的な意味には、悲しみの感情、心の痛み、悲しみや恨みを伴う怒り、傷つけられたことによる心の痛みや苦しみ、コミュニケーション上における障害などが挙げられます。散らされた黄色い薔薇のように心を踏みにじられ、無念さが感じられる状態です。

※ 各意味の読み取り例

全体運
何者かに傷つけられたことによる悲しみ。
悲哀や痛みなどのネガティブな感情を味わう。
結合していた物事が、引き裂かれる状態。
コミュニケーションにおいて生じる障害。

恋愛運
恋愛が思い通りにいかず、悲しみを味わう。
第三者により、2人の仲を妨害される。

仕事運
仕事が理想通りにいかず、悲しみを味わう。
上手くいきかけた仕事に思わぬ障害が生じる。

217

剣の4
【休戦】 TRUCE

キーワード Keyword

問題からの一時的な休止と逃避

占星術 Astrology

天秤宮の木星

✳ 象徴の解説

　このカードは、天秤宮の木星に支配されています。天秤宮も木星も争いを避ける穏やかな性質であることから、このカードは「休戦」と呼ばれます。あくまでも一時的な闘争からの休息であり、風の元素が男性的性質を強めるため、「家庭を平和に保つ、武装した男」をイメージさせるとしています。

　イエスの使徒の一人のアンドレが磔(はりつけ)になったX状の十字架である、聖アンドレの十字架が、薄緑色のスペースで描かれています。そして4本の剣の柄が、それぞれ十字架の四隅に置かれています。中央に集中させた4本の剣の先端は、花弁49片からなり社会的調和を象徴する、大輪の薔薇に向けられています。49という数は、神聖な数の7をかけ合わせたものであり、薔薇は宇宙の神秘の中枢を表すとされています。

　しかし、4本の剣が作り出す十字架の形は、状況の固定や硬直していることをイメージさせます。このカードは、混迷した状態から避難する場所を表しています。このカードで示されている精神は怠惰で、勇敢さを持っていません。そのため、慣れていて安全なことを肯定し、喜んで受け入れるのです。

※ 占い上の意味

　聖アンドレの十字架が薄緑色なのは、その狭いスペースが平和に保たれていることをイメージさせます。しかし十字架から一歩外に出た背景は、神経質なジグザグの線で満たされ、そこには安らぎが感じられません。次のカードの「剣の5」では、生命の樹「ゲブラー」による崩壊が待っています。そのためこのカードは、常に緊張を強いられている軍隊組織の休息のような、つかの間の停止を表します。決して問題が解決した訳ではなく、あくまでも一時停止の状況であり、休戦が終わったら、再び厳しい状況と戦わねばならないのです。

　このカードの具体的な意味には、苦しい状況や進めている物事が一時期休止すること、和解や解決ではなく、休戦や一時的な休息を取ること、物事を動かそうとしない熱意のない状態、保守的で慣れた方法や安全策を積極的に受け入れる状態などを示します。また、ありのままの状況をそのまま認識する、受容的な姿勢も示します。ネガティブな印象が強い場合は、一時期問題から逃避すること、保守的になり冒険を避けることなどの意味が浮上します。

※ 各意味の読み取り例

全体運
進めている物事や問題が、一時期休止する。
困難な問題から離れ、休戦や休息を取る。
物事をありのままに認識し、受容する姿勢。
保守的になり、状況を動かそうとしない姿勢。

恋愛運
恋愛状況から距離を置き、一時期休止する。
異性と真剣に向き合わず、心を閉ざした状態。

仕事運
困難な仕事状況から離れ、しばらく休止する。
新しい仕事など冒険を避ける、保守的な状態。

剣の5
【敗北】 DEFEAT

キーワード Keyword

戦力不足による敗北感や屈辱感

占星術 Astrology

宝瓶宮の金星

※ 象徴の解説

　各スートの5は、生命の樹の崩壊を生み出す「ゲブラー」に対応し、このカードは「敗北」と呼ばれます。西洋占星術では宝瓶宮の金星が支配し、宝瓶宮の知性は金星が持つ感情によって脆弱化され、それが災いの原因になるとしています。

　5本の剣の柄の部分は、悪魔崇拝としての不吉な象徴となる、逆さの五芒星を形成しています。五つの柄は全て違う形態を持ち、4本の刃は湾曲し、唯一先端を上に向けている剣の刃は大きく欠けていて、武器として使い物になりません。それらは「剣の4」が衰退した状況を示します。その証拠に、「剣の4」の中央にあった大輪の薔薇はすっかり崩壊し、その49の花弁を逆の五芒星の形に散らしてしまっています。

　「剣の4」が持つ、武装した男が平和を維持する力が、ここでは脆弱化します。このカードの「敗北」には、裏切りも含まれていて、それは平和主義に起因しています。実際に争いが起こり、平和主義が覆されたのです。物事の美徳が衰えるにつれ、内部からの崩壊が始まり、棒と杯の愛を表現しなければな

らない剣は、敗北するとされています。

✳ 占い上の意味

「剣の４」が示す休戦状態が動き出し、争いや闘いによって敗北することも含め、全てにおける敗北感、挫折感、裏切られたことによる恨みの感情なども示しています。休戦状態という平和な状況に甘んじていたかったのに、強引に闘いを挑まれるなど、他動的な力によって平和を覆されたという裏切りなども示します。ふいの闘いへの準備は整っておらず、相応の戦力に欠けていたのでしょう。

　そうしたことから、このカードの具体的な意味には、戦力に欠け敗北すること、敗北感を味わうこと、理不尽な戦いを要求されること、負けを認めざるを得ない状態、挫折感や絶望感、裏切りに対する恨みなどが挙げられます。

　しかし、背景の下部が光で白ばんでいるように、全く希望の持てない状態ではありません。敗北を認めてそれまでの認識や意識が変わることで、矯正や修復をしたり、新しい価値観を入手したりできるのです。

✳ 各意味の読み取り例

全体運	何かの戦いや争いで、敗北を喫する。 敗北感や挫折感を味わう。 裏切りに遭い、屈辱感を味わう。 理不尽な戦いを要求される。
恋愛運	恋のライバル争いで、敗北を喫する。 異性から、屈辱的な言動を取られる。
仕事運	無理な要求を飲まされ、屈辱感を味わう。 仕事上のライバル争いで、敗北を喫する。

剣の6
【科学】 SCIENCE

キーワード Keyword

科学的かつ分析的な思考

占星術 Astrology

宝瓶宮の水星

※ 象徴の解説

　西洋占星術では宝瓶宮の水星に対応し、水星の知力を高めています。これは風の元素のケルビムである人間に影響し、知性と人間性を示すことを表しています。完全な道徳的判断力を得るためには、科学的概念が必要です。そうしたことから、このカードは「科学」と呼ばれます。生命の樹の中央の「ティファレト」に到達し、「剣の5」による不和や争いから逃れ、ようやく高い知性に達し、それにより成功が獲得されたのです。剣のスートの観念が、確立と均衡を得た様子を示しています。

　描かれた6本の剣の柄は全て豊かなデザインを持ち、天と地の力の合体である六芒星の形に配置されています。それぞれの剣の先端は、6個の正方形を組み立てて作られた金色の十字架の上にある、赤い薔薇の花弁に触れています。著書『魔術―理論と実践』において、「十字架は不毛な棒切れであるが、十字架と薔薇の合体には、新しい生命の連続がある」と記述され、ここでは薔薇十字章は、科学的真実の秘密として表示されています。背景に描かれた幾何学模様が、理知的な調和を強調しています。

※ 占い上の意味

　風と調和する水星が、成熟した風の元素である宝瓶宮にあることから、最大に高い知力が発揮されることを表します。カードの中の６本の剣は、全て違う柄を持っていても完璧にバランスが取れ、絵柄の全てが調和しています。そうしたことからこのカードは、感情や記憶などの主観的な要素を全て取り除いた、完全に客観的な思考を表しています。それは明晰で合理的な思考であり、科学的に分析することです。数学的なことを基盤として、全ては何かしらの法則により動いているというような捉え方です。

　具体的な意味には、客観的な判断力、科学的な分析力、科学的な研究、主観から離れた明晰で合理的な思考、冷静で理性的な見方、感情より理性を優先することなどが挙げられます。ネガティブな印象が強いと、創造性や感受性の弱さ、ドライでよそよそしい態度、人間的温かみに欠ける合理的な性質などが表出します。

※ 各意味の読み取り例

全体運
物事を科学的かつ分析的に考える。
感情などの主観よりも、合理性を重視する。
分析力と研究力を活かし、物事を進める。
合理的な言動で、人間的な温かみに欠ける。

恋愛運
感情ではなく、理屈で恋愛のことを考える。
友人や知人以上の感情を持てない恋愛状況。

仕事運
冷静な判断力を活かし、合理的に取り組む。
研究職など、高い知力を必要とする仕事。

223

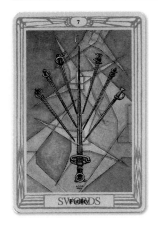

剣の7

【無益】 FUTILITY

キーワード Keyword

無益で無駄に感じる虚無感

占星術 Astrology

宝瓶宮の月

※ 象徴の解説

　西洋占星術では、宝瓶宮という弱い宮の、最も弱い星とされる月が配属されています。僅かなエネルギーしか持っていないこのカードは「無益」と呼ばれ、不安定な努力を示しています。各スートの「7」は、生命の樹の弱い位置である「ネツァク」に対応していますが、剣のスートでは、それほど重篤な影響を受けていません。「ネツァク」には勝利という意味があり、剣を緩和する作用があるためです。

　このカードのエネルギーは脆弱で、労働を持続させる努力が全くできません。しかし、知性の破壊は「剣の5」に見られるほど激しくはなく、気の迷いや、妥協への欲求を持っています。「剣の4」と同様に、対立する者に譲歩して摩擦を回避するような、宥和策を尊重するのです。

　上に突き出す長く大きな剣の柄には、太陽の象徴が飾られ、柄を上部に三日月の形に並べた6本の剣には、海王星、金星、火星、木星、水星、土星の象徴が飾られています。太陽が示す明確な目的意識を、六つのネガティブな要素が妨害しているのです。6本の剣の先端は、大きな剣の刃に突き当たり、

多くの弱者と一つの強者が、争っているかのように見えます。これは賢明に
努力をしても、無駄であることを表しているのです。

☀ 占い上の意味

　宝瓶宮が持つ合理的な知性と、月が持つ豊かな感情が相殺され、このカー
ドは弱いパワーしか持っていません。また、「棒の7」では、手前の棒が背後
の6本の棒を抑え込んでいたのに対して、ここでは大きな剣が、小さな6本の
剣に負けそうになっています。そのため、これは「棒の7」よりも弱いカード
であるといえます。閑散とした背景の模様からも、その虚無感がうかがえます。

　そうしたことから、このカードの具体的な意味には、何をしても無駄で無
益に終わること、無意味なことをして時間を無駄にすること、無気力で退屈
さを感じる状態、空虚で虚無感を味わう状態、意味のないどうでもいいこと
に感じる精神状態、自分の意志を持っても周囲の妨害に簡単に負けてしまう
ことなどが挙げられます。大きな損失を被ることもありませんが、得られる
ものもありません。まるで中身のないテレビのバラエティ番組を観て、時間
を潰しているような感覚です。

☀ 各意味の読み取り例

全体運
何かをしても、無益で無駄に終わる。
無意味なことをして、時間を浪費する。
充実せず、無力感や虚無感を味わう。
周囲の妨害や反対意見に、簡単に負ける。

恋愛運
周囲の忠告などにより、恋の意欲が薄れる。
自分にとって役に立たない無駄な恋愛。

仕事運
無益で無駄な仕事にエネルギーを投資する。
周囲により労働意欲や目的意識が阻害される。

剣の 8
【干渉】INTERFERENCE

キーワード Keyword

複数の干渉による妨害

占星術 Astrology

双児宮の木星

※ 象徴の解説

　西洋占星術では格式が悪く敗になる、双児宮の木星が配属されています。双児宮は知的で、木星は寛大で楽観的ですが、鋭く厳しい剣の世界では木星は役立たず、ネガティブに働きます。剣のスートによる生命の樹の「ホド」は、知性と論争が持続しなくなることを意味しています。剣の力は弱められ、予想できない干渉と悪運を示し、このカードは「干渉」と呼ばれます。ここで示される意志は、思いがけない干渉によって、絶えず妨害されるのです。

　カードの中央には、先端が下を向いた2本の長い剣があります。これは、陰陽二極化を示しています。6本の小さな剣が、3本ずつ向きを違えながら、これらに交差しています。この6本の小さな剣は、世界各国で祭儀に使用される、特有の武器です。それぞれ、東南アジアのクリス短剣、中国武術の苗刀、呪術用の短剣のスクラマサックス、短刀のダガー、中南米の山刀のマチェテ、オスマン帝国の小刀のヤタガンとなっています。

　これらの小さな剣は、陰陽を示す長い剣に干渉する、様々な意見を象徴しています。こうした意見に抑えられたり動揺したりと、何かを選択するのに

混乱する状態を生み出しているのです。

※ 占い上の意味

　バランスの取れた陰陽の思想を示す２本の長い剣が、多種多様な価値観である６本の小さな剣により妨害されていることから、雑念が思考や判断の邪魔をして、クリアな洞察や直観を得られない状態であることを示しています。双児宮が示す知性を木星が際限なく拡大させ、意識が散漫になることが、災いを招くのです。

　そうしたことから、このカードの具体的な意味には、決断しようとする意志に入る様々な妨害、雑念が多く思考が混乱すること、様々なパターンの思考が判断の邪魔をすること、情報の取り入れすぎによる混乱、相反する対立した考え、人生や問題を混乱した目で見ること、周囲の状況が明確に見えていないことなどが挙げられます。具体的な進行についても、様々な妨害を受け、立ち往生しやすい状態でしょう。

※ 各意味の読み取り例

全体運
進行方向に細かい障害が入り、立ち往生する。
様々な意見により、明確な洞察を得られない。
雑念が多く、思考が混乱する。
相反する考えや意見に、妨害される。

恋愛運
デマや噂など、細かい妨害に阻まれる恋愛。
恋愛について考えすぎて、思考が混乱する。

仕事運
様々な意見が出て、仕事上の決断を下せない。
仕事を進めたくても、対立意見に阻まれる。

剣の9
【残酷】 CRUELTY

キーワード Keyword

残酷さによる絶望感

占星術 Astrology

双児宮の火星

※ 象徴の解説

　剣が示す純粋な知性は、カードの数字が進むにつれて、ここまで退化してきました。剣はもはや、熱意のない感情を表しています。意識は理性からかけ離れ、無意識が未発達な状態である狂信者などの領域に陥ってしまいました。

　このカードは「残酷」と呼ばれ、残酷さと絶望を表します。生命の樹の「イェソド」は樹の中央へと戻り、その前の「ネツァク」や「ホド」による無秩序が修正され、剣が持つ分裂のパワーが最大に高められるのです。西洋占星術では、双児宮の火星に支配されています。それは抑制のないむき出しの渇望であり、知的ではあっても苦悩を表します。「宗教裁判官のような気性である」と、クロウリーは記述しています。

　カードには、異なった長さを持つ9本の剣が並び、その全ての先端が下を向いています。下向きの剣は、弱い意志を示すのです。その上、全ての刃はボロボロに欠けて錆びついています。その刃から、そして背景にも多くの毒液と血が滴り落ち、苦悩の様相を呈しています。

※ 占い上の意味

スモール・カードの中でも、最もネガティブな意味を持つカードの一つです。あらゆる段階の思考を経て、最後には絶望となることを示しています。心は傷つき苦悩を抱え、それに苛まれるしかない状態です。「残酷」という名称から、災難に巻き込まれたり、一方的に搾取されたりするなど、対処のできない状況に追い込まれることも暗示します。全ての剣が下を向き、意欲と活力を喪失している分、抵抗しても状況の改善は困難であるといえるでしょう。

具体的な意味には、状況が最悪と感じる結果になること、不可抗力の出来事に遭うこと、深い心の傷や痛み、深い罪悪感や自己否定感、不幸だと感じること、強い不安感など精神的に不安定な状態、自分の信条や信頼を見直す必要性が生じることなどが挙げられます。

しかし、救いようがないと感じるこのカードにも対策があると、クロウリーは述べています。消極的にでも抵抗すること、嫌な状況を放棄すること、苦難をすっかり受容すること、執念深く復讐することなどです。

※ 各意味の読み取り例

全体運
物事が望んでいなかった結末を迎える。
不可抗力のトラブルに巻き込まれる。
深い罪悪感や自己否定感などの深い心の痛み。
うつ状態など精神的に不安定な状態。

恋愛運
異性に裏切られるなど、深い心の傷を負う。
自己否定感や自己不信感が、恋愛を遠ざける。

仕事運
仕事が望まない結果となり、意気消沈する。
仕事の失敗が、罪悪感や自己否定感を招く。

229

剣の10

【破滅】 RUIN

キーワード Keyword

外部的圧力による強制終了

占星術 Astrology

双児宮の太陽

※ 象徴の解説

　各スートの10は、生命の樹の「マルクト」に属しますが、剣の「マルクト」は狂気に堕ちた理性や、心ない組織の騒乱などを示すとしています。そのため、「破滅」や「崩壊」と呼ばれます。戦争などで長い間戦い続けていると、結局は何も得られず、全てが破壊されてしまいます。しかし、極度に事態が悪化すると、人々は立ち直り始めます。破壊の後には再生が見られるように、このカードに全く希望がない訳ではありません。

　西洋占星術では、双児宮の太陽に支配されます。双児宮が持つ風の特性は、太陽が光線を分散させるのに役立ちます。このカードは、このように調和し安定したエネルギーを崩壊させ、混乱させることを示すのです。

　カードの中の10本の剣の柄は、それぞれ生命の樹のセフィロトの位置に置かれています。しかし「マルクト」以外を示す8本の剣の先端は、中心部であり太陽である、赤い心臓を持った「ティファレト」の剣に触れ、その刃先を打ち砕いています。それは知性の破滅であると同時に、道徳的な特質の破滅でもあるのです。

❈ 占い上の意味

　長く続いた剣の旅は、ここで幕が下ろされます。生命の樹の中心である「ティファレト」の剣が打ち砕かれている様子は、生命の破綻であり、何かの終わりを意味しています。それも攻撃性という、ネガティブなパターンによる強制終了です。

　具体的な意味には、耐え忍び続けたことや細々と続けたことが、破滅や崩壊に陥ること、外部的な圧力により、何かを強制終了させられること、何かを諦めざるを得ない状況に陥ること、執着を手放さなければならなくなることなどが挙げられます。実際の終わりではなく、執着心を切り捨てるなど、精神面での終末を示す場合も多々あります。

　しかし刃先は打ち砕かれても、心臓部分はまだ生き続け、太陽の輝きを残しています。何かが終了した後には、また別の新しい何かがやってきます。ポジティブな印象が強い場合は、不要な状況の破壊や崩壊により、新たな展開が訪れる土壌が整うという意味が読み取れます。

❈ 各意味の読み取り例

全体運
続けてきたことが、破滅や崩壊に陥る。
何かを強制終了させられ、諦める。
執着心を手放さなければならない状態。
何かが終了し、新たな展開を受け入れられる。

恋愛運
苦しい恋愛状況が、強制終了に追い込まれる。
恋愛成就を諦めなければならない状態。

仕事運
外部の圧力により、仕事が強制終了させられる。
仕事が悪い結果を迎え、放棄せざるを得ない。

231

円盤の騎士
Knight of Disks

キーワード Keyword

物質的成功に裏打ちされた自信

占星術 Astrology

獅子宮21度から処女宮20度

※ 象徴の解説

　円盤が地、騎士が火を司ることから、「地の宮の火」を象徴します。地中のマグマを連想させることから、特に山岳と地震と重力の現象に関係があるとしています。地の部分では山に対応し、生命を生み出す地の活動も象徴します。獅子宮の21度から処女宮20度を支配し、処女宮のギリシャ神話の豊穣神デーメーテールとの関連により、このカードは農業と深い関わりがあります。

　円盤の騎士は、背が低く頑丈な肉体を持つ戦士であり、強固な鎧に身を包んでいます。牡鹿の頭を羽飾りとする冑（かぶと）が後ろに下げられているのは、この時点における彼の役目は戦いではなく、農業という食糧生産に限定されているためです。右手に脱穀作業に用いる穀竿（からさお）を持っていることが、そのことを強調しています。左手に持つ大きく強固な円盤も、戦い用ではなく、栄養物を象徴しています。

　他の騎士の馬が疾走しているのに対し、「円盤の騎士」に描かれた馬は大型の荷馬車馬であり、静止して安定感を持っています。騎士に似てがっしり

とした四本の足で、しっかりと耕地に立っています。この辺一帯は肥沃な土地であり、遠くの丘の部分も耕され、畑になっています。

　クロウリーは、物質世界を司る「マルクト」と関連する円盤の人物像に、ネガティブな性質を多く与えています。「円盤の騎士」が象徴する人物は、働き者で辛抱強いものの、知的能力には欠け、頭の回転が鈍く不器用で、物質的な物事に心を奪われがちであるとしています。独創性に欠けるため、何かで成功するとすれば、本能もしくは模倣によっての成功になると指摘します。ただし最も幸せな形で出る場合は、ロマンスと想像力を示す場合があるとしています。

　更にネガティブなイメージが強調されると、野蛮で卑屈であり、知的な興味も持てず、自分より優位の者には本能的に嫉妬心を覚えます。その上に、自分を向上させる勇気もないとしています。

※ 占い上の意味

　物質界を示す円盤のスートであり、背景には豊かに農作物が実っていることから、物質的な豊かさや、実際的な能力と自信を示しています。食糧生産に関して既にやるべきことを終え、豊かに実る大地に立ち遠くを見つめる騎士の心は、自信と満足感で満たされているのです。目に見える物質的な収穫に心が依拠しているため、確かに騎士の頭の中には、分析的な理論や数学的な知識は存在しないかもしれません。しかしそれは無用であり、日々の糧と物質的に豊かな生活に、心を馳せるだけで良いのです。

　こうしたことから、このカードの具体的な意味には、物質的に満たされ安定した生活や精神状態、物質的もしくは実際的能力に対する自信、世間を渡り歩く能力の高さ、実質的活動が伴う根本的な自信と、それに伴う強靭な精神、働き者で実直な人物、物質的もしくは実際的能力において、周囲から信頼される人物などが挙げられます。ネガティブな印象が強調されると、唯物主義的で精神面を軽視する姿勢、頑固で融通の利かない性質、金銭的豊か

さに縛られた状態、狭い世界に住むことによる視野の狭さなどの意味が表れ
ます。

❋ 各意味の読み取り例

全体運
物質的・経済的に満たされた、豊かな生活。
勤勉な実際的能力による、物質的な成功。
今までの勤勉さと努力が実り、成功する。
実直でも、頑固で融通が利かない性質。

恋愛運
時間をかけて、着実に育て上げていく恋愛。
豊かな経済力を持つ異性と縁ができる。

仕事運
勤勉さと能力の高さで社会的に成功する。
実際的能力を活かし、社会に大きく貢献する。

円盤の女王
Queen of Disks

キーワード Keyword

物質的に豊かな現状を受容する

占星術 Astrology

人馬宮の21度から磨羯宮の20度

※ 象徴の解説

　円盤が地、女王が水を司ることから、「地の宮の水」を象徴します。地の元素の母としての機能を持ち、受動性を象徴しています。

　円盤の女王は、豊かな実りの象徴であるパイナップルの王座に座ってくつろぎ、遠くの背景をじっと見つめています。その視線の先には、砂漠を蛇行した一筋の河が穏やかに流れ、その河水は大地に肥沃をもたらしています。それを証明するかのように、砂漠の中にはいくつかのオアシスが、姿を現し始めています。

　女王の甲冑は、小さな鱗やコインをつなげてできています。右手に持つ長い笏の頭部には立方体がついていて、その中に立体型の六芒星が収まっています。左腕に抱えた個性的な円盤は、多くの円が交差した模様が描かれている球体です。これらは、彼女が創造性に関心があることを表しているのです。

　このカードは、人馬宮21度から磨羯宮20度までを支配することから、玉座の前では磨羯宮を表す山羊が、球の上に立っています。そして女王の甲には、野生の山羊の大きな角が飾られ、それは宇宙エネルギーを示す螺旋状と

なり、天空へと伸びています。

このカードが示す人物は、穏やかで安定した性質を持っています。勤勉で現実的で、現実離れした思考に囚われることはありません。野心はありますが、それは決して無謀なものではなく、現実的に役立つことに重点を置いています。分別があり家庭的で、限りない優しさと心の広さを蓄えています。

しかし、知的でも聡明でもなく物質主義な故に、ネガティブな面が強く出ると、好色で堕落することがあります。鈍感で愚かになり、融通性に欠けるため、全てを機能的に考えがちです。型にはまりやすく、定められた運命より上を目指すこともないのです。

☀ 占い上の意味

「円盤の騎士」では「地の宮の火」として、火山性の豊かな土地が描かれていましたが、ここでは「地の宮の水」として、河という水性による豊かな土地が描かれています。どちらも物質的に豊かな実りがあり、経済的に満たされていて、贅沢な生活は保障されています。また、「円盤の騎士」は富に対する能動的な姿勢を、「円盤の女王」は富に対する受容的な姿勢を表します。

両者とも背後を見つめ、過去から現在までの流れを振り返り、その表情は満足している様子を示しています。しかしそれと同時に、どこか憂いているような、うら寂しげな気配があることも否めません。それは物質的豊満さと精神的幸福感は、連携していないことに気づいているためであるといえるでしょう。「円盤の女王」が持つ意味には、実り豊かな生活を受け入れること、現実を静かに受容すること、特に努力をしなくても経済的に恵まれた状態、穏やかなまま状況が安定している状態、何もせずに静かに休息する状態、現状への満足による寛大で穏やかな性質を持つ人物などが挙げられます。ネガティブな意味には、変化に乏しい状態で退屈すること、現状への満足により向上心を持てない状態、物質的には満たされても幸福感を味わえない状態などが挙げられます。

※ 各意味の読み取り例

全体運
物質的に満たされ、安定した穏やかな状況。
現実を静かに受容していること。
真面目で寛大な、安定した感情を持つ人物。
変化の少ない退屈した生活に、憂いを持つ。

恋愛運
現実の恋愛状況を、静かに受け入れる状態。
変化が少なく、退屈で物足りない恋愛状況。

仕事運
地道さと勤勉さにより、社会的地位を築く。
コツコツと時間をかけ、大事業を成し遂げる。

円盤の王子
PRINCE OF DISKS

キーワード Keyword

豊かさを求めての着実な前進

占星術 Astrology

白羊宮の21度から金牛宮の20度

✵ 象徴の解説

　円盤が地、王子が風を司ることから、「地の宮の風」を象徴します。この元素が開花し、結実することを示すと、クロウリーは記述しています。

　ほとんど裸に見えるほどの薄い鎧を着た王子は、瞑想をするような表情をしています。このカードが、白羊宮21度から金牛宮20度までを支配することから、冑(かぶと)の天辺(てっぺん)には金牛宮を示す雄牛の頭に羽根がついた飾りが乗っています。様々な円や球を組み合わせた形の戦車を、一頭の雄牛が牽いています。この動物は冑の飾りと同様に、エゼキエル書と黙示録に登場する、地の元素におけるケルビムです。

　王子は左手に独自の円盤を持っていますが、それは地球に似た球体であり、その表面には農業における計画を示す、数理的象徴が印されています。やはり彼も「円盤の騎士」と同様に、地球における物質的な役割に関わっているのです。右手には球体がついた笏(しゃく)を持ち、その頭部に乗った十字架は、クロウリーが錬金術用語で「大いなる業(わざ)」と呼ぶエネルギー変換の成就の象徴であるとされています。

「円盤の王子」で示される性質は、活動的で忍耐強く、慎重で物事に動じない精神的安定感を持っています。特に経営などの実際的能力に優れており、敏腕な経営者であったり、細かい作業や地道な推進をたゆむことなく続ける従業員であったりします。有能で独創的であり、考え抜かれた計画によって急ぐことなく着実に、目的に向かって進んでいきます。律義で約束を守る、信頼に値する性質です。

ネガティブな面が強調されると、感情面では鈍感であり、無神経に思えることがあります。頑固で自分の見解を変えず、物質に価値観を置く分、精神性を重視するタイプの人に、違和感を持つでしょう。普段はあまり怒らなくても、その分一度爆発すると、手がつけられなくなることもあります。

※ 占い上の意味

「円盤の騎士」が、既に自分が掲げる物質的目標を達成しているのに対して、この「円盤の王子」は、物質的目標を掲げ、それに向かってまだ突き進んでいる段階であることを示しています。彼が左手で大事に持つ円盤に、農業における計画が印されていることからも、そのことはうかがえます。また、「円盤の騎士」や「円盤の女王」と同様に、彼が重視するのは物質的もしくは経済的な豊かさです。地球を豊穣な大地に変えていくことに、深い満足感を覚えるのです。

そうしたことから、このカードが持つ意味には、目的に向かって計画的に、着実に進んでいくこと、目標達成のために決意すること、目的達成のために具体的な計画を立てること、経済的豊かさを求めて努力を重ねる姿勢など、目的志向であることが強く表れています。それも気が急くようなことのない、着実さのある姿勢です。それは、戦車を牽く雄牛の歩みが遅いことからもイメージできます。

ネガティブな印象が強い場合は、目標や価値観を変えない頑固な性質、進みが遅くて延滞気味であること、物質面を重視し精神面を軽視していることなどの意味が挙げられます。

✳ 各意味の読み取り例

全体運

目標に向かって、堅実に進んでいく姿勢。
物質的豊かさのために、地道に努力を重ねる。
未来のために、具体的な計画を立てる。
物事の進みが遅く、延滞気味になる。

恋愛運

一つの恋愛に真面目に向き合う誠実さを持つ。
時間をかけて、着実に恋の成功に向けて進む。

仕事運

自分の任務を、時間をかけて着実にこなす。
仕事上の目標に向けて、たゆまず進んでいく。

円盤の王女
Princess of Disks

キーワード Keyword

相応しいときが訪れるのを待つ

占星術 Astrology

対応なし

※ 象徴の解説

　円盤が地、王女が地を司ることから、「地の宮の地」を象徴します。彼女はギリシャ神話の豊穣の女神デーメーテールの女司祭であり、その姿は強健で美しく、豊かな衣は大地と一体化しているかのようです。深く考え込む表情を見せているのは、大地の秘められた驚異に気づきつつあることの表れです。頭部の羽飾りとして、大きな角を持つ雄羊の頭が乗り、いざというときの勇敢な姿勢があることを暗示しています。

　右手に持つ笏は地中に差し込まれ、その先端には、生命の樹の「ケテル」の宝石である、ダイヤモンドがついています。そこからは、この上なく純粋な光が誕生し、それが地球の中心を目指して放たれています。

　女司祭である彼女は、神聖な木立の中で、小麦の束の形を想起させる祭壇の前に立っています。その荘厳な姿は、左手で抱えている独特な円盤によって、更に強調されています。この円盤の中心には、東洋の陰陽思想における太極図が描かれ、彼女が宇宙の全存在である森羅万象に関わっていることを想像させます。それを取り囲む花弁は12の3倍、すなわち十二宮を三分割

した西洋占星術におけるデーカンの数だけ存在し、そこから偉大なる豊穣の女神イシスの薔薇が生まれるとされています。

この王女が持つ性質は多岐に亘りますが、要約すると「女性らしさ」です。女性が持つ全ての特性を含んでおり、その中のどの性質が表れるのかは、彼女がどういった影響を受けるのかにより決まります。それは、純粋な受容性を持っているためです。また、大地が生命を生み出すことから、王女は妊娠しているようにも見えます。

※ 占い上の意味

木立の中で立ち尽くす王女は、女性性である受容性を強く持っています。いざというときには頭部の雄羊の力によって前進することができますが、基本的には待機する姿勢を欠かしません。忍耐強く待つことが、物事を熟成させ、成長させることを知っているのです。その待つ姿勢は、王女の衣装が大地のようになっていること、木々の豊かな根が強調されていることからも、うかがえます。植物が空に高く伸びていくためには、根が深く大地を這うのも待たなければなりません。

また、豊穣の女神の女司祭であることや、妊娠している様子から、この王女は円盤の他のコート・カードと同様に、物質的豊かさを司ることが分かります。

そうしたことから、このカードの意味には、忍耐して待つこと、相応しいときや相応しい物事が訪れるのを待機すること、物事の成長や熟成を見守ること、妊娠など何かを生み出すことなどが挙げられます。また、王女の思索する表情から、何かを考え込む状況なども読み取ることができます。ネガティブな面が強調されると、自分からは動かないこと、物事が延期されること、考えすぎることなどの意味が浮上します。

❋ 各意味の読み取り例

全体運

相応しいときが訪れるのを、忍耐強く待つ。
物事の成長や成熟を、静かに見守る。
何かを深く考え込むような精神状態。
自分からは動こうとせず、ジッと待機する。

恋愛運

異性から働きかけてくるのをジッと待つ状態。
妊娠する可能性があることを示す。

仕事運

辛抱強く、仕事状況が成熟するのを待つ。
仕事について考えすぎて、動けない状態。

円盤のエース
Ace of Disks

キーワード Keyword

純粋で穢れのない物質的幸福感

占星術 Astrology

地の元素

❋ 象徴の解説

　このカードは、地の原初エネルギーを描いています。古くから地は、受動的で静止している、ネガティブな元素であると考えられてきました。それを捨てるべく、制限の象徴の「金貨」ではなく回転の象徴である「円盤」を採用しています。惑星が連続的に回転する球体であることも、その理由です。

　カードの中の大きな円盤の縁には、クロウリーの魔術師名である「メガ・テリーオン」（大いなる獣）がギリシャ文字で刻まれています。円盤の中央には、ヨハネの黙示録に登場する獣の数字でもあり、クロウリーの自称でもある666という数字が刻まれ、それは太陽と月を示すとしています。こうした暗号のような秘儀が、解読を待っているかのように、七芒星に囲まれています。それが二重の五角形に囲まれ、その各辺は延長されて10本の輻を形成し、円盤の縁の内側に十角形を作っています。

　回転する円盤の周りは、太陽を示す数の6枚の翼が囲み、このカードが太陽と地の同一性を認めるものであるとしています。

244

✳ 占い上の意味

地の元素が形として顕現する前の状態を示す「円盤のエース」は、四元素の中で唯一物質を示す円盤の中でも、まだ穢れのない純粋な物質的幸福感を表します。ここに示される物質は、まだ生まれたてのものであり、欲望や羨望、怨恨など社会に蔓延している人間が持つ様々なネガティブな感情に、全く汚染されていない純粋な状態です。豊かな財産や高い社会的地位、名誉や名声など人間が求める物質的幸福は、人間を確実に幸福にするものであると、心から認めることができる状態であるといえるのです。また、輝く円盤がカードの中央に置かれていることから、極めて強い存在感を放つことや、純粋で安定した精神状態なども表すことがあります。

このカードの具体的な意味には、心から欲しいと願っていた何かを手に入れること、もしくは心から欲しいと思っている何かが存在すること、豊かな富や財産を入手すること、何かを心から大事だと思っていること、存在感のある人物、もしくは自分自身が存在感のある人物であることなどが挙げられます。ネガティブな意味には、精神面より物質面を重視していること、すなわち人の内面より肩書きや経済力などを重視すること、特定の何かに執着しすぎていることなどがあります。

✳ 各意味の読み取り例

全体運
心から欲しかった物や大事な物を入手する。
高価な物や大きな財産を手に入れる。
大勢の中心人物になるほど強い存在感を放つ。
精神面よりも物質的な条件を重視する。

恋愛運
経済的に豊かで魅力的な異性と縁ができる。
玉の輿の結婚ができる可能性がある。

仕事運
金銭的条件の良い大きな仕事が回ってくる。
社会的に高い地位や名声を手に出来る。

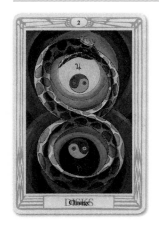

円盤の2
【変化】 CHANGE

キーワード Keyword

変化による大きな転換期

占星術 Astrology

磨羯宮の木星

❋ 象徴の解説

　各スートの2は、生命の樹の「コクマー」に支配され、地においては最も固定した形態で示されます。クロウリーの「変化は安定である」という教義に従い、このカードは「変化」と呼ばれます。西洋占星術では磨羯宮の木星が対応し、この両者は不調和なため、木星が持つ幸運が制限されます。しかし、悪影響を及ぼすこともありません。

　二つの回転する円盤に、一匹の長い蛇が巻きついています。その蛇は自分の尾をくわえて輪を形成し、無限の象徴を示す数字の8を形成しています。一方の輪は右旋回し、もう一方の輪は左旋回をして、その動きは噛み合っています。継ぎ目のない蛇はベルトの役割を持ち、蛇の頭は最下部に達しても、すぐに頂部に現れます。

　白と黒の円盤は陰陽の象徴であり、更にそれぞれの円盤の中には、陰陽思想の太極図が描かれています。その中の4点には全て三角形が描かれ、それらは四元素を象徴しています。この二つの輪が、四元素の調和による永久的な相互作用を表し、すなわち、完全な宇宙を図示していることになります。

❋ 占い上の意味

　円盤の動きに乗り、蛇の頭が白い円盤から黒い円盤へと移行していくように、このカードはあらゆる変化を象徴しています。それも、ほんの少し何かがずれた程度というささやかな変化ではなく、白が示す陽から黒が示す陰へと移り変わるように、目に見えて分かるような、ほぼ180度の回転に近い、ハッキリとした変化です。一気に全てを捨て去り新しい状況に飛び込むような、短期間における大胆な変化もあれば、少しずつ状況が動き、気がつけば以前に比べて様変わりしていた……という、長いスパンにおける変化もあるでしょう。人は慣れない状況へ移行することに恐れを感じますが、ここで示す変化は良いも悪いも関係なく、ただ移行や転換されることに焦点を当てているのです。

　具体的な意味としては、転換期を迎えること、古い状況から新しい状況へと切り替わること、二つの物事が入れ替わること、単純な変化や移行などが挙げられます。

❋ 各意味の読み取り例

全体運
状況がほぼ180度変化する。
古い状況が去り、新しい状況が訪れる。
大きな転換期を迎える。
二つの物事の状況が入れ替わる。

恋愛運
恋愛対象の異性を、別の人に乗り換える。
今までの恋愛パターンが変わっていく。

仕事運
転職や部署の異動により環境が変化する。
今までと全く違う仕事内容に取り組む。

247

円盤の3
【作業】 WORKS

キーワード Keyword

不断の努力により何かを積み上げる

占星術 Astrology

磨羯宮の火星

✳ 象徴の解説

　各スートの「3」は、生命の樹の「ビナー」に対応しますが、地に関する「ビナー」は、宇宙の観念を物質的に確立させ、その基礎的な形を決定づけます。力を結晶化させるため、このカードは「作業」と呼ばれます。物質的な作業を示し、何かしらの動作が明確になされることを示します。西洋占星術では、格式の良い磨羯宮の火星に支配されています。行動を司る火星は磨羯宮で興になり、最高の力を発揮します。そのため、ここでの火星のエネルギーは、建築家や技術者のように建設的になり、まさに「作業」に適するのです。

　カードの絵柄には、真上から眺めたピラミッドが描かれています。ピラミッドの基盤は三つの車輪で、ヘブライ語の三母字であり、それぞれ風、火、水を象徴する、アレフ、シン、メムが対応しています。知性と行動と愛情が揃うと、創造的になることをイメージさせます。それと同時に、錬金術の三原質である水銀、硫黄、塩によっても形成され、水銀は精神に、硫黄は霊魂に、塩は肉体に対応し、三者がバランスを取っています。ピラミッドの側面が赤味を帯びているのは、火星の色彩が反映されているためです。このピラミッ

ドが立っているのは、ビナーの偉大なる海の上です。海は凝結していて冷た
く、藍色と緑色が斑模様を作り、全体的に暗灰色になっています。

☀ 占い上の意味

　このカードは「Works」すなわち「作業」という言葉通り、コツコツと何
かに取り組み、築き上げるという意味を持っています。実質的な円盤のスー
トであり、実際的能力を持つ磨羯宮が対応していることから、それは精神
面のみにおける思考による作業ではなく、実際に手や身体を動かして行う作
業を指します。知性と行動と愛情を、もしくは精神と霊魂と肉体を調和させ、
何かを築き上げていくのです。実質的な行動による作業は、目に見える形で
人々や社会を変えていくでしょう。カードに描かれている高いピラミッドで
も、小さく連続的な作業の積み重ねにより完成されています。

　具体的な意味には、実際的な行動を通して何かを積み上げていくこと、創
造的な行為、不断の努力を重ねていくことなどが挙げられます。ネガティブ
な印象が強い場合は、ワーカーホリックのように、不安を打ち消すために努
力をしなければいられない状態、義務感や責務感が強すぎる状態などの意味
が生じます。

☀ 各意味の読み取り例

全体運
コツコツと努力を重ね、何かを築き上げる。
勤勉に、自分のやるべきことに取り組む。
創造性を発揮して、何かを作り上げる。
義務感が強く、仕事中毒の状態に陥る。

恋愛運
異性の意向に沿うように、努力を重ねる。
恋愛を上手く進めるために、創意工夫をする。

仕事運
与えられた条件の中で、最高の仕事をする。
勤勉さにより、着実に事業を築き上げていく。

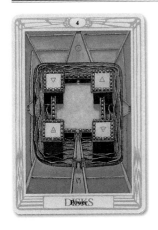

円盤の4
【力】POWER

キーワード Keyword

内面に向かう強固なエネルギー

占星術 Astrology

磨羯宮の太陽

✳ 象徴の解説

　このカードは「力」と呼ばれ、主に大地の力を象徴しています。西洋占星術では、磨羯宮の太陽に支配されています。磨羯宮の始点は冬至であるため、この宮は陰が極まった太陽が陽に転じ、再生する宮であるといえます。そのため、「力」と呼ばれるのです。

　このカードの円盤は、非常に大型で唯一の四角形であり、建造物にがっちりとはまり込み、安定しています。ここでの円盤は、全く回転には縁がありません。4個の円盤にはそれぞれ四元素の記号が割り当てられ、宇宙の全エネルギーがここに集結していることを想像させます。

　このカードに描かれているのは、軍事的防備施設である要塞です。外部の敵から身を守ると同時に、全てを支配し安定させる権力の象徴です。正方形の要塞は、非常に頑丈でありながらも攻撃的な要素はなく、不活発であることは否めません。この要塞が示すのは、憲法などの法であり、それは権威と警備により維持され固着しています。4個の円盤を取り囲むように濃青色の堀が巡り、全てが閉ざされた形で保持されています。カード全体で、安全が

保障された保護地区を表しているのです。

❋ 占い上の意味

　このカードの名称である「力」は、外に向かうエネルギーではなく、内側に向かって守り固め、保守するエネルギーを司ります。それは、カード全体が固定を表す四角形で形成されていることや、要塞が取り囲む堀によって、完全に保護されていることからもうかがえます。しかし四元素の円盤が揃っていることから、決して内面は脆弱ではなく、むしろ過剰なほど強固な状態であるといえるでしょう。既に全てが完成されているため、それを露呈したり、外部からの影響を受けたりするのを避けている状態です。

　そうしたことから、このカードの意味には、内面に持つ強いパワーを溜め込んだ状態、外界に対して防御すること、外界への働きかけを避けていること、限界値や境界線を設定すること、法律などの秩序を順守すること、何かを保持することなどが挙げられます。ネガティブな意味では、何かに執着してしがみつくこと、頑固で堅苦しい思考、保守的になりすぎることなどが挙げられます。

❋ 各意味の読み取り例

全体運
内面に強いパワーを溜め込んでいる状態。
法や規則の順守など、枠にはめられた行動。
保守的になり、外界からの影響を避ける。
頑なになりすぎ、自分を曲げない状態。

恋愛運
今の恋愛に対して強く執着している状態。
自分の価値観を異性に押しつける傾向がある。

仕事運
規律に則り、枠にはまった働き方をする。
仕事の変化を避け、古いやり方にこだわる。

251

円盤の5
【心配】WORRY

> **キーワード** Keyword

経済が絡んだ問題への心配

> **占星術** Astrology

金牛宮の水星

※ 象徴の解説

　各スートの「5」に対応する生命の樹の「ゲブラー」は、四元素の崩壊を表します。ここでも他のスートと同様に、「円盤の4」の安定感や静けさが崩壊され、ひっくり返されています。このカードは「心配」と呼ばれ、特に物質的苦労を司ります。西洋占星術では金牛宮の水星に支配され、それは労働に関する知性を意味します。しかし両者が異質であることから、水星は金牛宮を混乱させるのです。金牛宮が示す経済体制は乱され、社会的秩序とのバランスが崩されます。

　カードでは、5個の円盤が悪魔崇拝を示す逆の五芒星を形作り、物質の基盤が不安定であることを示しています。全ての円盤に描かれているのは、ヒンドゥー教思想の五大元素であるタットワであり、黒色の楕円形の空、三日月形の水、青色の円形の風、赤色の三角形の火、黄色の四角形の地を示しています。五芒星の頂点が低い位置にあり、崩壊しそうな物体組織を、非常に低い次元でまとめていることが分かります。その地盤の不安定さは、地震の恐れにつながるのです。

重なる巨大な円盤の背景は、怒りを示す暗い赤色であり、それに黄色の模様がついているのは、激しい緊張の象徴です。円盤は他の武器に比べて鈍重で、回転の役には立つものの、結果に影響を与える力はないとしています。

※ 占い上の意味

カード全体の色彩が沈み込むような暗灰色であり、そのベースには怒りの赤色と緊張の黄色があることから、非常にネガティブな精神状態を表しています。それが経済面を司る金牛宮に関連しているため、特に物質的、金銭的な心配を意味しています。基本的に心配の対象は、他者との関係や心についてではなく、常に経済状況が絡んだ問題なのです。ただの杞憂だけを示すのではなく、実際に経済的に困窮しやすい状況であることも暗示しています。

そうしたことから、このカードの具体的な意味には、心配すること、その中でも特に経済が絡んだ問題に対する心配、怒りや緊張感を伴う心配、未来に対する強烈な不安感、考え込んで気を揉む状態、不安や危険から逃れるために何かを熟考すること、実際に経済が絡む問題に悩まされること、経済的に困窮する可能性などが挙げられます。経済面において、自暴自棄な行動を取ることを示す場合もあります。

※ 各意味の読み取り例

全体運
怒りや緊張を伴うほどの、深刻な心配。
経済が絡む問題に対する心配や不安。
金銭や物質に関する問題を抱えている状態。
経済的に困窮し、生活が追いつめられる。

恋愛運
異性の言動や恋の未来を、極端に心配する。
心に余裕がなく、恋愛感情が枯渇した状態。

仕事運
仕事の内容や今後について、心配する。
資金不足が原因で、仕事が停滞する。

円盤の6

【成功】 SUCCESS

キーワード Keyword

努力によって得る物質的成功

占星術 Astrology

金牛宮の月

❋ 象徴の解説

　西洋占星術では金牛宮の月が対応し、月は金牛宮で最高の形である興になります。金牛宮が重々しくても月の変化が襲いかかりますが、地球の重力によりその流れは引き下ろされ、単なる物質になるとされます。このカードは生命の樹の「ティファレト」の影響を受け、その太陽が月に豊かなエネルギーを与えます。「ティファレト」が、元素のバランスの取れた達成を表し、金牛宮の月の性質が最良であることから、このカードは「成功」と呼ばれます。ただし、精神的な成功よりも物質的成功に重きを置かれる上に、全ての成功は一時的なものとなります。

　カードの中の6個の円盤は、骨組みだけの六芒星に並べられ、それぞれに惑星の記号が描かれています。六芒星の中央にある薔薇十字は、太陽を偶像化したものであり、その光によって円盤が照らされています。「剣の4」と同様に、薔薇は神秘の数の7と7の相互作用である、49枚の花弁を持っています。十字架と薔薇の合体には、新しい生命の永遠の連続があると、クロウリーは記載しています。六芒星の中央には、薄桃色の夜明けの光が放たれ、その

外周には黄金色とサーモンピンクと琥珀色の、三個の同心円があります。これらは「ティファレト」が持つとされる色彩であり、「ティファレト」が地の元素で十分力を表していることを示します。

❋ 占い上の意味

　各スートの「6」は「ティファレト」の影響を受け、各元素が最も調和の取れた、理想的な形を生み出しています。物質など目に見える世界を司る円盤のスートでは、「物質的成功」という意味を持ちます。精神的な成功は永遠に続きますが、流動的である物質的成功は、あくまでも一時的なものです。人間の魂が肉体から離れると同時に、そうした成功は無価値となるためです。

　具体的な意味には、富や名声など物質的幸福を求めて起こしていた行動が、理想通りの形で実現すること、時間をかけて創り上げてきたものが良い形になること、良い社会的地位を手に入れたり、名誉名声を得たりすることなどが挙げられます。また、勝利や成功を目指す姿勢や、成功への願望を持つことなども意味します。自分がやりたいことをやるのではなく、あくまでも成功への到達が目標となっているのです。ネガティブな意味合いでは、成功への固執により、進行方向を誤りやすいことなどが読み取れます。

❋ 各意味の読み取り例

全体運	富や名声など物質的な成功を収める。 成功を目指して進み、目標に到達できる。 成功という目標を掲げ、頑張っていく姿勢。 富や名声など物質的成功に、執着する。
恋愛運	物質的に価値のある異性を獲得する。 物質的に満たされた、充実した恋愛交際。
仕事運	努力により、高い社会的地位や富を得る。 高い社会的地位や富を目指して、邁進する。

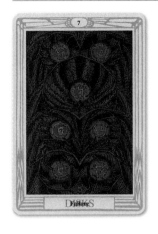

円盤の7
【失敗】 FAILURE

キーワード Keyword

失敗への恐れによる制限

占星術 Astrology

金牛宮の土星

❋ 象徴の解説

　生命の樹の中で、脆弱で消極性が極限となる「ネツァク」に対応し、「失敗」と呼ばれます。深淵の下にある「ネツァク」には、美徳はありません。その上に、西洋占星術による金牛宮の土星により支配され、更に重圧感が加わります。各スートの「7」の中で最も希望がなく、夢を持つことや努力する姿勢さえも持っていません。金牛宮が示す労働や金銭は土星によって抑え込まれ、全てが怠惰なムードの中に沈んでいます。

　カードの中の7個の円盤は、土星が重苦しい形に変え、それらは悪銭と化しています。その中には、金牛宮と土星を象徴する絵が描かれています。これらの円盤は、クロウリーの時代に普及していた土占いで示す型の一つであり、不幸を意味する「ルベウス」の形に並んでいます。

　背景には、耕作による植物が茂っていますが、全体に暗い影が投じられて萎れたようになり、全てが台無しになっています。ネツァクの色である緑色は、恐怖を感じるような藍色と赤みがかったオレンジ色で汚染され、不気味な色合いを醸し出しています。

❋ 占い上の意味

「ネツァク」に対応する各スートの「7」は全て、各スートの「6」の調和を崩しています。その中でも「円盤の7」は最も勢いがなく、全てのスモール・カードの中でも、非常にネガティブなカードであるといえます。

　金牛宮の土星の悪影響により、悪銭と化した7個の円盤は、それぞれ枯れた枝によって遮られて孤立し、援助のない孤独な様相を呈しています。その上に、枝に抑え込まれて茂みに沈み、身動きを取ることさえもできません。土星による制限や束縛が、ここにも投影されているのです。

　こうしたことから、このカードの具体的な意味には、何かで失敗すること、恐怖感を味わうこと、失敗することを恐れて身動きができない状況に陥っていること、恐怖心により行動や思考が制限されること、夢や希望を持てない状態、暗く沈んだ不活発な心理状態、恐れが周囲からの孤立を促すことなどが挙げられます。失敗を恐れて慎重になりすぎることで、結局は何一つ得ることができない状況なのです。円盤のスートであることから、特に経済面における失敗を意味することが、多々あります。

❋ 各意味の読み取り例

全体運
失敗を恐れて思考や行動に制限がかかる状態。
何かで失敗し、意気消沈する。
恐怖心が原因で、身動きが取れない状態。
周囲からの孤立が、失敗を招く。

恋愛運
恋愛成就への自信がなく、行動を起こせない。
失敗への恐怖心により、自ら恋愛を遠ざける。

仕事運
仕事が失敗し、全ての状況が停滞する。
仕事の失敗への恐怖が、能力を制限させる。

円盤の8
【深慮】 PRUDENCE

キーワード Keyword

用心深く慎重な行動

占星術 Astrology

処女宮の太陽

※ 象徴の解説

「円盤の7」で、最低な状態に落下する様子を示したがために、「円盤の8」以降の3枚のカードでは、それ以前の流れを再開させる爆発力を秘めているように見えます。西洋占星術では処女宮の太陽が配属され、生命の樹で対応される「ホド」が、このカードを大きく助けています。何故ならば、「ホド」は水星を象徴し、水星は処女宮では盛もしくは興になり、純粋な力を発揮するためです。

処女宮の性質により、このカードは「深慮」と呼ばれます。「円盤の7」と同様に、全ての円盤で土占いが示す型の一つを形成しています。それは群衆を意味する「ポプラス」と呼ばれる型であり、吉でも凶でもなく、安定した状況を示します。これらの8個の円盤は、偉大な樹の花もしくは果実として、また肥沃な地に生える強固な根として表されていると、クロウリーは記述しています。

このカードは、処女宮の太陽に関係することから、物質的な事柄に関する知識も表します。例えば農学者、技術者、工学者の知識などです。土占いの「ポ

プラス」から、一般庶民の関心も示します。処女宮に位置する太陽は、新生も暗示すると記述されています。

❉ 占い上の意味

このカードに描かれた8個の円盤は全て、丸まった頑丈な葉により、しっかりと保護されています。その上に、節度があり保守性の高い処女宮の太陽が配置されていることから、このカードは慎重さや用心深さ、何かから保護されていることなどを意味しています。それと同時に、象徴の解説にもある「物質的な事柄に関する知識」も表します。それに処女宮が司る労働が加わり、物質的な事柄に関する知識を活かし、堅実かつ慎重に労働に取り組む状況をも意味します。その動きは目立ちませんが、丁寧に用心深く進められ、間違いはありません。

具体的な意味としては、保守することや何かから保護されること、工夫をして危険から身を守ること、慎重かつ丁寧に労働に取り組むこと、用心深く堅実に行動すること、注意深く様子を見ること、物質的事柄に関する役立つ知識、労働に役立つ専門知識などが挙げられます。ネガティブな印象が強い場合は、保守的になりすぎて物事が延滞したり、受け取れるものが受け取れなくなったりすること、大胆な行動が取れないことなどが挙げられます。

❉ 各意味の読み取り例

全体運
知識に基づき用心深く慎重に行動する。
危険から身を守ったり、保護されたりする。
物質的、実際的なことに関する役立つ知識。
慎重になりすぎて、物事が延滞する。

恋愛運
危険から身を守りつつ、恋を慎重に進める。
保守的すぎて、自ら異性との距離を置く。

仕事運
慎重かつ丁寧に、時間をかけて働く。
仕事に役立つ専門知識や技術を身につける。

円盤の9

【獲得】 GAIN

キーワード Keyword

物質的な利益の獲得

占星術 Astrology

処女宮の金星

※ **象徴の解説**

　生命の樹の「イェソド」は、樹の中央に戻るため、必然的にバランスを取り戻します。西洋占星術では、処女宮の金星によって支配され、物質的な事柄に関する好意や人気などの幸運を示します。そのため、このカードは「獲得」と呼ばれ、特に物質的な利益を表します。円盤のスートは細かい心の動きに欠け、儲けを勘定し、無神経になっていきます。処女宮の金星は、収穫を刈り取ったときに満足し、他の三つのスートの9が示すような精神性には反応しません。

　中央の色を違えた3個の円盤は、「神官」の笏にも見られるような、魔術的基本型を形成しています。これは火と水と風の融合により、地の元素が生じることを想像させます。そこから少し離れて、6個の円盤が取り囲むように、六角形状に配置されています。その中には、惑星の記号と重ね合わせ、クロウリーと作画したハリス、クロウリーの友人の3人の顔が描かれているといわれています。しかしこれらの6個の円盤は、エネルギーが低下している証拠に、硬貨のような形状です。各元素の象徴の数の増加は、常に本質的意味

を複雑にするだけでなく、質の低下も招くことが示されているのです。

※ 占い上の意味

　処女宮の金星の格式は衰であり、精神的喜びより、物質的豊かさを重視します。それはカード中央の３個の円盤が融合して地の元素が生じること、６個の円盤が硬貨のように化していることからも、読み取れます。豊かな富を獲得したばかりの、まだ動きがあり新鮮さの漂う、物質的に理想的な状況を示すといえるでしょう。これが慣習的な状況に発展すると、次の「円盤の10」が示す、不活発な富へとつながっていきます。

　こうしたことから、このカードの具体的な意味には、物質的な利益を得ること、欲しかった物や状況を獲得すること、有益な物事、物質的に満足し、幸福感を味わうこと、社会的地位や成功など、物質的な何かの獲得による祝福などを示します。また、精神が融合して物質的な形を生み出すことから、有益で正しい方向へ進んでいること、状況は自然と有益な方向へ向かっていくことなどの意味も持ちます。ネガティブな印象が強い場合は、物質主義、功利主義に偏り、精神性を軽視しがちになります。

※ 各意味の読み取り例

全体運
物質的な利益や豊かな富を獲得する。
欲しかった物を入手し、満足感を味わう。
自分や社会にとって、有益な物事。
物質的幸福を求め、精神性を軽視する。

恋愛運
経済力があるなど魅力的な異性を獲得する。
金銭的、物質的に豊かな恋愛交際をする。

仕事運
努力が功を奏して、有益な結果を生み出す。
仕事を通して、豊かな報酬が得られる。

円盤の 10
【富】WEALTH

キーワード Keyword

富による安心感と停滞感

占星術 Astrology

処女宮の水星

※ 象徴の解説

　生命の樹の「マルクト」は、最後の流出を表すセフィラであり、ここに偉大な最後の固体化が存在します。円盤も各スートの「10」も、物質を示す「マルクト」に支配され、そのためこのカードは「富」と呼ばれます。富は、格式の良い処女宮の水星に与えられています。

　カードに描かれている円盤は、ここでは全て、完全に硬貨と化しています。それらは生命の樹の形に配置され、「マルクト」を示す最後の硬貨は、巨大化しています。そのことが象徴するのは、物質的な増大は無益であるということです。

　各円盤には、様々な水星の記号が刻まれていますが、本来水星が対応している「ホド」の位置だけは、太陽の記号が与えられています。これは、元素の力を使い果すことで問題が生じても、それを脱する唯一の可能性があることを示すとしています。

　獲得された富がある程度増えていき、貯蓄に回すようになると、富は不活発になります。貯蓄以外の目的に向けて使用しなければ、結局は消散してし

まうのです。物質の終末には、完全な停滞があります。しかし、人はどん底に陥った瞬間に、頂点に達することに気づくため、このカードは結果的に再生の循環の過程を示すと、クロウリーは記述しています。

全てのカードの最後となる「円盤の10」は、カード全体が示す仕事の統計を司ります。そのためこのカードには、生命の樹そのものの姿が描かれているのです。「円盤の10」と、各「エース」を除いた他の35枚のスモール・カードの関係と、アテュ「宇宙」と他の21枚のアテュの関係は、等しいとしています。

※ 占い上の意味

このカードは、「円盤の9」で獲得した富が更に増加し、動かずに安定した状況を示しています。日常で使用するだけでは事足りず、余った富は貯蓄に回し、もしくは不動産として固定させた状況です。そこには、経済的な困窮とは無縁であるという安心感は生まれますが、心が弾むような生による躍動感は消え失せます。生命の樹の「マルクト」が三重となった、最後の巨大化した円盤が、「物質主義の行きつく先には、完全な停滞が存在する」ことを示しているのです。そのことを忘れてはいけません。

このカードの具体的な意味には、安定した豊かな物質的状況、物質的に満たされた状態、豊かな富により安心感を得ること、物質中の物質の世界に存在することなどが挙げられます。物質以外の意味では、目標を達成して状況が固定化されること、既に理想の状況を得ていて、目新しい動きがないことなどが挙げられます。ネガティブな印象が強い場合は、現在得ている物質や状況への固着などの意味が表れます。

❋ 各意味の読み取り例

全体運
物質的に豊かで、安心できる状態。
目標を達成して、理想の状態で落ち着く。
既に目標に到達し、保守の姿勢に入る。
安定しているため、向上心を持てない状態。

恋愛運
満足できる交際が安定して続いている状態。
物質的に豊かな結婚生活を送ることができる。

仕事運
豊かな状況が築かれ、安定した仕事状況。
仕事を通して、豊かな富が築かれていく。

Ⅲ　トート・タロットで占う

1 トート・タロットによる占い方

　クロウリーは、著書『トートの書』の中で、タロット占いの方法を簡潔に記載しています。しかし、現代においてその方法をそのまま採用するのは、少々無理があります。

　その主な内容は、

1　コート・カードの中から、依頼者のシグニフィケイターを1枚選ぶ。
2　全カードを左手に持ち、右手に魔法の棒を掲げ、呪文を唱える。
3　依頼者に全カードを渡し、問題を念じてシャッフルもしくはカットさせる。
4　全カードを受け取る。

　というものです。

「シグニフィケイター」とは、邦訳では「象徴カード」とも呼ばれ、伝統的なタロット占いで重視されてきた概念です。昭和時代に日本で発売されたタロット占いの本にも、頻繁に登場します。これはクライアント自身を示すカードのことであり、占い師がクライアントの性別や年齢、外見、質問内容などに応じ、もしくはカードの山から引くなどして、クライアント自身に相当すると思われるカードを選びます。それをデッキから外してテーブルの脇や中央などに置き、残りの77枚のカードで占いを続けます。

　しかし、現代はこのシグニフィケイターを取り入れる占い師は、ほとんど見かけません。実際に繰り返し象徴カードを取り入れて占うと分かりますが、ほとんど占いに対して効力を持たないと感じられます。占いに1枚足りなくなるという点、場所を無駄に取るという点で、マイナス要素の方が大きいと

思われます。

依頼者に全カードを渡して、シャッフルもしくはカットをさせるというのも、現代の視点からすれば、お勧めできる方法ではありません。確かにクライアントの意識が直接的にカードに入り、的中率は高まるかもしれません。しかし主導権を完全にクライアントに渡すことになると同時に、物理的にカードが汚れやすくなる上に、クライアントが持つ邪念などが強くカードに入る可能性があるため、クライアントにカードを触らせるのは、最小限にした方が良いのです。

それでは、トート・タロットで効果的に占うためには、どうすればいいのでしょうか。

世界で一番売れているとされるウェイト版を含めた他のタロット・デッキとトート・タロットとは、占い方に若干の違いがあります。それは、それだけトート・タロットが、占者のインスピレーションによるリーディングを重視するためです。

「トート・タロットの特徴」でも記述しましたが、トート・タロットは、カードの絵柄の上下が正しい位置で出る「正位置」と、上下が逆さまになって出る「逆位置」の区別をせず、全て正位置で出たと判断し、意味を読み取ります。そのため、絵柄からのインスピレーションが湧きやすいように、逆位置で出たカードの上下をひっくり返し、正位置として並べ直してから読み取ることになります。しかし、逆位置になっていても構わないという人は、そのままの形で読み取っても問題ないでしょう。また、タロット占いは豊かな柔軟性を持つため、「逆位置で出た場合は、ネガティブな意味が強調される」と頭の中で決めて、そのように読み取ることも可能です。特にパワーが強いアテュが逆位置で出た場合は、ネガティブな意味を示すとして読み取るようにすると、スムーズに解読できます。そのためこの本では、各アテュのネガティブな意味について、比較的詳細に記載しています。

ただし、自分の中で決めた占い上のルールは、その場その場で変えること

267

なく、一貫してください。そうしなければ、カード側がどういった並びを取ればいいのか分からず困惑し、的中率を下げる原因になる可能性があるためです。

トート・タロットにおける、他のデッキとの占い方のもう一つの違いは、占う際のカードを選定する方法です。カードを展開する際に、他のデッキと同様に、両手でカードの山を崩して混ぜるという「シャッフル」の方法を使用しますが、もう一つ、「裏向きで一列に並べたカードから、左手でピンと来るカードを引いて選定する」という方法も採用できます。詳細な方法は後述しますが、何故左手を使用するかというと、左手は直感力を司る右脳と直結しているためです。また、多くの人が右利きであることから、右手でカードを選ぶよりも、慎重で丁寧になるという効果もあります。

こうして豊かなインスピレーションを導き出すトート・タロットは、リーディングの最中に、本来そのカードが持つ意味とは全く違う意味が思い浮かぶ場合も、多々あります。その際には、本に書かれている意味よりも、浮かんだ意味の方を重視することが大切です。それこそが、クロウリーが語る「占い師の内面もしくは外側に存在する『知霊』からのメッセージ」であるためです。

（1）占いをする際の注意点

タロット占いは、目に見えない高次の存在と意識をつなげ、助言をいただく一つの神聖な儀式です。それを踏まえ、心が動揺しているときや疲れているときなど、意識を集中させることが困難な場合は、占うのを避けるようにします。占う前に心を落ち着けてから、タロット・カードと向き合うように心がけましょう。

また、占う際には占いたい内容を、出来るだけ具体的な質問に絞るということも、非常に重要な作業です。例えば金銭に関することを占いたい場合、単に「金運はどうなるか」と質問するのではなく、「年内に、報酬額アップが見込めるか」というような、できるだけ具体的な質問内容に絞ります。そう

268

しなければ、出たカードの読み取り方が大雑把になり、具体的な結果を得られなくなるためです。ただし、スプレッドの「ホロスコープ法」や「生命の樹」などのように、各位置のカードが持つ役割が多岐に亘っていたり、カード位置の設定が具体的であったりする場合は、「１年間のトータル運」、「自分自身の心理状態」など、包括的な質問内容で占っても問題ありません。

　クロウリーは、「魔術師は浄化に関して、最大の注意を払わねばならない」とし、神を召喚する場合、すなわち「知霊」と交信する場合は、浄化をすることが非常に大切であると述べています。浄化が必要なのは、第一に自分自身、第二に占い道具、第三に占いを行う場所です。実際に、高次の存在は清浄な場でなければ現れにくく、不浄の場では、低級な存在に占いを妨害されやすくなります。身体や衣服を日々清潔に保つのは勿論、占いを行う部屋の清掃にも気を配りましょう。部屋の空気を入れ替えたり、お香で部屋を浄化したりすることもお勧めです。タロット・カードも使い込んできたら、数カ月に一度程度は１枚１枚をサッとお香の煙にくぐらせるなどして、浄化することをお勧めします。

　しかし、基本的にタロット占いには、常に高次の存在からのメッセージが込められています。低級霊が近くにいたとしても、自分の意志さえ強く持ち、高次に意識を合わせられるのであれば、ネガティブな存在に影響される可能性は低下します。

　普段からの行いを正しておくことも、的確な占いをするための大切な要素です。良心の呵責を感じる言動を取るのは極力避け、常に清浄な心を持った自分自身でありましょう。それが高次の存在とのつながりを強め、正しくメッセージをもらえる鍵になります。

(2) タロット占いの流れ

　トート・タロットを使った、占い方法の基本を記載します。トート・タロット以外のデッキの使用であっても、既にタロット占いに慣れている人であれ

269

ば、この項目は流し読みをしても構わないでしょう。

　早速、トート・タロットで占いを始めましょう。トート・タロットを用意し、滑りの良いクロスを敷いたテーブルなどの前に座ります。タロット占いの流れは、以下の2通りになります。やりやすいと思える方を、選択してください。

シャッフルする方法

1 占いたい内容を、出来るだけ具体的な質問に絞ります。

2 その質問内容に合ったスプレッドを選び、それを頭のに思い浮かべます。

3 裏向きに置いたカードの山を崩し、質問を念じながら、テーブルの上などで両手でカードを混ぜます。基本的には、時計回りに混ぜます。

4 カードをまとめます。基本的に、縦長にまとめた場合はカードの上方を、横長にまとめた場合はカードの左側を頭にします。

5 スプレッドの方法に従い、カードを並べます。

6 並べたカードから、意味を読み取ります。

※カードをまとめた後に、三つの山にカットして、順番を変えてまとめる方法を取り入れることも可能です。

1枚1枚を引く方法

1 占いたい内容を、出来るだけ具体的な質問に絞ります。

2 その質問内容に合ったスプレッドを選び、それを頭の中に思い浮かべます。

3 前述した「シャッフルする方法」の③、④を参照してカードをシャッフルするか、もしくは手でカードの山

を持ち、トランプのようにシャカシャカとカードを切ります。

4 カードの山を裏向きのまま手で崩して、均等な間隔で1列に並べます。

5 　そこから、スプレッドの方法に従い、①のカード、②のカード……と1枚ごとに念じながら、左手でピンと来るカードを選んでいきます。そして、それぞれのスプレッドの所定の位置に、1枚ずつ並べていきます。

6 並べたカードから、意味を読み取ります。

※この方法を使用する場合は、カードを引く際にカードの正位置・逆位置が分かってしまうため、「逆位置であれば、ネガティブな意味が強調される」という読み取り方法は使用できません。全てのカードを、完全に正位置として判断します。

2 スプレッドについて

「スプレッド」とは、英語で「広げる」という意味を持ちます。タロット占いのスプレッドは、カードを特定の形に並べることを指し、展開法とも呼ばれます。カードを表向きにしながら並べることを「展開する」といいますが、その展開する枚数は、各スプレッドにより1枚から20枚以上のものまで様々です。質問内容に関して知りたい事柄が少なければ、少数枚のスプレッドを、質問内容を様々な角度から詳細に検証したいのであれば、多数枚のスプレッドを選びます。

　古くから伝わるものや、最近作成されたものまで、実に様々なスプレッドが存在します。同じスプレッドでも、展開する順番や各位置が持つ意味が違っている場合も多々あり、「絶対こうでなければならない」という決まりはありません。また、従来の形にこだわることなく、自分自身でオリジナルのスプレッドを作ることも可能です。それだけタロット占いは、柔軟性を持っているのです。

（1）ワンオラクル

● ワンオラクルとは

One Oracle

　このスプレッドは、1日の運勢や、質問の回答だけを知りたい時など、一つの回答を知りたいときに使います。占いの練習にも適しています。

　「ワンオラクル」とは、1枚のカードでズバリ占いの結果を出す、最も簡単な方法です。時間がないときでも簡単に占える点、質問の答えがはっきりと

分かる点などが、このスプレッドのメリットです。例えば、ある物事をやった方がいいのかやめた方がいいのか、という質問をワンオラクルで占うと、有益な助言を得ることができます。外出先では、人が少ない場所でトランプのようにカードを数回切って、そっと1枚引いてみる……という簡易的な方法で占うことも可能です。

また、「今日1日の運勢」を占うのにも適しています。まずはワンオラクルを頻繁に使い、カードに慣れ親しむように心がけましょう。

● ワンオラクルでの占い方

カードをシャッフルもしくはカットしたあと、カードの山を裏向きのまま、片手で崩して横一列に、全カードがほぼ同じ間隔になるように並べます。そして質問事項を頭の中で念じながら、ピンとくるカードを左手で1枚選んで引き出し、何のカードであるかを確認します。これでワンオラクルは完了です。ワンオラクルは直感でカードを選ぶため、シャッフルやカットの時間は短くても大丈夫です。カードを選ぶ時だけ、しっかり集中しましょう。

※この方法では、カードを引く際にカードの正位置・逆位置が分かってしまうため、「逆位置であれば、ネガティブな意味が強調される」という読み取り方法は使用できません。全てのカードを、正位置として判断します。

● ワンオラクル・実占例

今日は職場で大事なプレゼンテーションを行わなければなりません。どういった結果になりますか？（35才・男性・会社員）

〈出たカード〉
円盤のエース

回答　「円盤のエース」のキーワードは、「純粋で穢れのない物質的幸福感」です。心から欲しいと思っていた何かを手に入れ、物質的な面での幸福感、満足感を味わうことを示します。そうしたことから、プレゼンテーションは結果的に、非常に満足のいくものとなるでしょう。特に何かの営業に関するプレゼンテーションであれば、その内容が認められて商品が売れるなど、大きな収益につながる可能性があります。もし自分自身ではプレゼンテーションの仕方が今一つであったと感じても、結果的には仕事にとって重要となる物質的な富を得るのですから、成功といっていいはずです。是非計画している通りに、プレゼンテーションを実行してみてください。

---

(2) ツーオラクル

● ツーオラクルとは

このスプレッドは、タロット占いの中で一番重要な最終結果のカードと、次に重要な対策のカードの2枚だけで、手っ取り早く占いたいときに使用します。「ツーオラクル」とは、ワンオラクルをバージョンアップさせ

Twe Oracle

たもので、基本的にはワンオラクルと同様に、どのような物事でも占えます。

　タロットのどのスプレッドにおいても、非常に重要なのは「結果」と「対策」になります。せっかく占っても最終結果に望まないカードが出たら、落胆することでしょう。そこで、「では、どうすればその悪い結果を回避できるのか？」という情報が必要になってくるのです。結果が望ましいカードであっても、対策は「更に良い状況にするためには、どうすればいいのか」という

視点から活用できます。対策も視野に入れたいとき、その上であまり占う時間がないときに、このスプレッドを使用してください。

● **ツーオラクルでの占い方**

　カードをシャッフルする場合は、混ぜてまとめたカードの山の上から7枚目を右にあたる①に置きます。そして手の残ったカードの山から更に7枚目を、左にあたる②の位置に置きます。これで、ツーオラクルの占い方は完了です。また、ワンオラクルのように裏向きで横に一列に並べた状態から、ピンとくるカードを2枚引く形式でも占えます。

　それぞれの位置が持つ意味は次の通りです。

> ① 質問事項の結果
> ② 状況を良くするための対策

● **ツーオラクル・実占例**

相談内容　先日パーティーで知り合った女性と親しくなりたいのですが、個人的に食事に誘ってみると、どうなりますか？（28才・女性・販売員）

〈出たカード〉
① 質問事項の結果…**技**
② 状況を良くするための対策…**杯のエース**

回答　質問者が親しくなりたい女性を食事に誘った場合に訪れる結果は、「技」になります。黒人と白人の結婚が、完成された姿が描かれている「技」は、二つの異質なものが調和する様子を表します。ですから、もし質問者が相手を食事に誘ってみたら、相手はごくごく自然な態度で、OKしてくれるでしょう。それは質問者に対して調和しやすいような、相性の良さを感じているからかもしれません。また、共に会話をして気持ちを融合させることで、精神的に得られるものがあるのでは……と期待している可能性もあります。ただし迎合性がある分、積極性には欠け、あくまでも受け身の姿勢のようです。

　対策の「杯のエース」は、「純粋な愛のエネルギー」という意味を持ちます。ですから、カードが「是非、誘ってみなさい」と前向きに促すと同時に、「相手に純粋な好意を示すと良い」ということも告げています。相手を尊敬していることや、強い魅力を感じていること、そのため一緒に食事ができると心から嬉しいことなどを、素直に伝えてみましょう。ちょっと露骨かな、と感じる程度で丁度いいのです。

（3）スリーマインド

Three Mind

①

②

③

● スリーマインドとは

　このスプレッドは、好きな異性の気持ちや上司から見た自分の評価など、気になる人が現在自分のことをどう思っているかを知りたいときに使用します。

　鑑定をしていて一番多い依頼内容が、「好きな異性の自分に対する気持ちを占って欲しい」というものです。そうした需要に応えるべく、詳細に相手の気持ちを占うスプレッドを開発しました。一般的なス

プレッドでは、相手の気持ちは大抵１枚のカードだけで表現されます。しかしこのスプレッドでは３枚のカードを駆使して、相手の気持ちを詳細に占えます。

　人間の心は複雑であり、一枚岩ではありません。本人でも気がついている表面的な意識と、それよりも一歩踏み込んだ深い感情である中間意識、そして本人も気づかないような本音もしくは恋愛感情の有無を示す潜在意識の三層に分けて、気になる人の気持ちを分析します。

◉ スリーマインドでの占い方

　カードをシャッフルする場合は、混ぜてまとめたカードの山の上から７枚目を①に置いてください。そして手に残ったカードの山から更に７枚目をその下の②に置き、手に残ったカードの上から更に７枚目をその下の③に置きます。これでスリーマインドの占い方は完了です。

　カードを裏向きに一列に並べた状態から左手で引く場合は、１枚１枚カードが持つ役割を念じながら、列から次々と選んで３枚引いていき、上から①、②、③の順に展開します。

　それぞれの位置が持つ意味は次の通りです。

---

① 相手の質問者への表面意識

② 相手の質問者への中間意識、

③ 相手の質問者への潜在意識もしくは恋愛感情

※表面意識は建前、潜在意識は本音、中間意識はその間の感情ということになり、一番重要なのは、③潜在意識もしくは恋愛感情になります。

● **スリーマインド・実占例 1**

相談内容

恋愛交際がスタートしてから3カ月が経ち、最近恋人からの連絡が減っているように感じます。今、彼は私をどう思っていますか？　まだ愛情はあるのでしょうか？（22才・女性・美容師）

①

②

③

〈出たカード〉
① 相手の質問者への表面意識…**棒の女王**
② 相手の質問者への中間意識…**吊るされた男**
③ 相手の質問者への潜在意識もしくは恋愛感情…**杯の2**

回答

　このスプレッドで最も重要なのは、③の潜在意識もしくは恋愛感情の位置であり、恋愛問題であるため、ここでは恋愛感情の有無を示しています。それが、「ピュアなときめきや幸福な恋愛」というキーワードを持つ「杯の2」ですから、彼はまさに純粋な恋愛感情を持っているといえるでしょう。決して、冷めている訳ではないのです。では、何故連絡を取る回数が減っているのでしょうか。

　表面意識を示す①には、「棒の女王」が出ています。女王のカードが出ると、大半は女性の性質や行動を示します。「棒の女王」は「静かなる権威」という特質を持つことから、特に威厳のある女性を示しています。どうやら恋人は、質問者を自尊心が強く威厳のある女性であると感じ、威圧感を感じているようです。そのことは、中間意識を示す②「吊るされた男」でも推測できます。恋人は女性の強さに圧倒さ

れながら、苦しい中で自分を出すことなく、ジッと忍耐しているのでしょう。恋人に対してキツイ言動を取っていないかどうか、見直してみる必要があります。

しかし、恋愛では最も重要な事柄であるといえる肝心の恋愛感情があるのですから、心配することはありません。後は恋人に優しく接するように心がけるといいでしょう。

● スリーマインド・実占例　2

相談内容

高卒で調理師見習いになり、もうすぐ1年が経ちます。上司は何も言いませんが、内心では今の自分の腕前について、どんな評価を下しているのでしょうか。(19才・男性・調理師見習い)

　①

　②

〈出たカード〉
① 相手の質問者への表面意識…**杯の女王**
② 相手の質問者への中間意識…**調整**
③ 相手の質問者への潜在意識もしくは恋愛感情…**神官**

　③

回答

恋愛の内容ではないこの質問においても、やはり③相手の質問者への潜在意識が、最も重要なカードであるといえます。そこにはアテュの「神官」が出ています。まさに「目上からの援助」という意味を持つカードであり、質問者のことをまるで親のような寛大な気持ちで、温かく見守っていることを示しています。能動的に働きかける姿勢ではなく、そして簡単

には手を貸すことなく、少し離れた位置から見つめているのです。その代わり、質問者が本当に困っているときには、そっと力を貸してくれるのでしょう。

①相手の質問者への表面意識の「杯の女王」のキーワードは、「起こること全てを受容する」であり、相手のことを鏡のように反射する状態を示しています。そこには、何かをジャッジするような評価は存在していません。質問者の全てを、ただ受容しているだけです。②相手の質問者への中間意識には、「調整」が出ています。ここにも上司自身の感情はなく、知性と合理性を持っています。「杯の女王」と合わせ、その穏やかさから、上司の質問者への評価は、取りあえず納得できるものであると判断できるでしょう。

3枚中、アテュが2枚も出ていることから、上司は質問者のことを、普段から強く気にかけている様子がうかがえます。そして全てのカードに描かれた神が中央にあり、3枚を揃えると真っ直ぐの縦線を形成します。そこから上司の質問者への思いが、安定感のある揺るぎないものであることも、イメージできます。

---

(4) ヘキサグラム

● ヘキサグラムとは

このスプレッドはオールマイティで、具体的な内容であれば、どのような問題にも対応できます。自分の状況と相手の状況を対比させられるため、特に恋愛や人間関係など、相手がいる問題が得意です。

「ヘキサグラム」とは、上向きの正三角形と下向きの正三角形を重ね合わせた六芒星を示します。六芒星は、トート・カードの中ではアテュの「神官」で神官の姿をすっぽりと包み込んでいたり、「円盤の女王」の笏の中に入っていたりします。大変使いやすくて便利なスプレッドであるため、多くの占い師が使用しています。

特に恋愛問題では、自分と相手を比べられることから、現在の恋愛状況

を把握しやすくなっています。そして未来のカードも1枚だけではなく、「近い将来」と「結果」という2枚を、順を追って読み取ることができます。一番重要な「対策」のカードも、しっかりと存在します。このヘキサグラムで、問題に関する大半の情報を得ることができるでしょう。

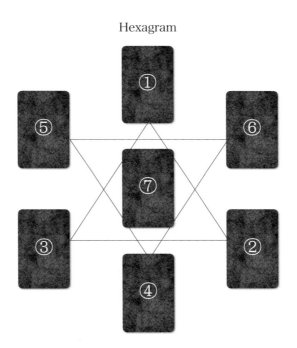

Hexagram

● **ヘキサグラムでの占い方**

カードをシャッフルする場合は、混ぜてまとめたカードの山の上から7枚目を①に置いてください。そして手に残ったカードの山から次のカードを②、③と置き、次に手に残ったカードの山の上から7枚目のカードを④に置き、続けて⑤、⑥、⑦と置きます。これでヘキサグラムの占い方は完了です。

カードを裏向きに1列に並べた状態から左手で引く場合は、1枚1枚のカードが持つ役割を念じながら、列から次々と選んで7枚引いていき、①、②、

……⑥、⑦の順に置いていきます。

それぞれの位置が持つ意味は次の通りです。

① 過去
② 現在
③ 近い未来
④ 対策
⑤ 周囲の状況（相手の状況や気持ち）
⑥ 質問者の状況や気持ち
⑦ 最終結果

● **ヘキサグラム・実占例**

相談内容

現在、高校2年生で、一つ上の先輩に片想いをしています。もうすぐ先輩が卒業するので、その前に告白したいと思っています。告白は成功しますか？（17才・女子高生）

〈出たカード〉

① 過去…**棒の2**
② 現在…**月**
③ 近い未来…**杯の騎士**
④ 対策…**剣のエース**
⑤ 相手の状況や気持ち…**剣の王子**
⑥ 質問者の状況や気持ち…**運命**
⑦ 最終結果…**円盤の6**

回答

「ヘキサグラム」では基本的に、まずは⑦最終結果を確認し、次に①過去、②現在、③近い未来と流れを把握し、⑤相手の状況や気持ちと⑥質問者の状況や気持ちを対比させ、最後に④対策を確認します。

⑦最終結果は「円盤の6」で、キーワードは「努力によって得る物質的成功」です。⑥質問者の状況や気持ちに「運命」が出ていて、精神的にテンションが高いことからも、告白をすれば成功する、すなわちOKの返事をもらえる可能性は高いと判断できます。

①過去を示す「棒の2」は、質問者の「告白をしたい」という衝動が燃え上がり、強い情熱を持って告白をする決意を固めたことがうかがえます。しかし②現在の「月」は、本当に大丈夫なのだろうかという、迷いや不安が生じていることを示しています。③近い未来の「杯の騎士」は男性のコート・カードですが、ここでは質問者を示し、質問者が彼に愛を届けること、つまり実際に告白をするであろうことが読み取れます。

重要な、⑤相手の状況や気持ちはどうでしょうか。ここには子供達に向かって剣を振り下ろす、「剣の王子」が出ています。告白が成功するにも関わらず、決して温かく愛情がある姿ではなく、尖った精神状態が感じられます。⑦最終結果の「円盤の6」は、「物質的成功」を示しますから、告白が成功するといっても、あくまでも形だけであり、そこには彼からの愛情は伴っていないかもしれません。成功後も、相手と心を合わせて理解を深めていく姿勢が必要になりそうです。

④対策の「剣のエース」は、強い意志を持ってはっきりと気持ちを伝えること、そして出来るだけ自分の意志で、交際をリードしていくように努めることが必要であると告げています。

(5) ケルト十字

● **ケルト十字とは**

　このスプレッドは、質問者の現状や心情を示すカードが数多いスプレッドであるため、周りの影響を強くは受けない自分自身の問題を占うのに適しています。

　世界で一番売れているとされるライダー版タロットの作者であるウェイトが、1910年に著書で発表したスプレッドであり、近年のどのタロットの解説書にも必ず載っているといっていいほど、非常にポピュラーなものです。しかし執筆者により並べる順番が違ったり、各位置の意味が違ったりしている

ため、自分なりの解釈法を、頭の中で確定させる必要があります。

　ケルト十字の一番の特徴は、質問者の現状や心理状態が詳しく分かる点です。全部で10枚のカードを展開しますが、その中に質問者の現状や心理を示すカードだけで4枚存在します。そのため、質問者の問題に対する心理や状況を掘り下げることに、大きな力を発揮するのです。相手や周囲に関する情報は1枚しかないため、相手がいる場合の恋愛運を占うのには適していません。

● ケルト十字での占い方

　カードをシャッフルする場合は、混ぜてまとめたカードの山の一番上から7枚目のカードを①に置き、続けて8枚目を②にクロスして、カードの上方が左になるように置きます。続けて9枚目から③、④、⑤、⑥と続けて置き、6枚を一気に並べます。そして残ったカードの山から更に上から7枚目を⑦、続くカードを⑧、⑨、⑩に置きます。これでケルト十字の展開は完了です。

　カードを裏向きに1列に並べた状態から左手で引く場合は、1枚1枚のカードが持つ役割を念じながら、列から次々と選んで10枚引いていき、①、②、……⑨、⑩の順に展開します。

　それぞれの位置が持つ意味は次の通りです。

① 問題の現状	⑥ 問題の近い未来
② 問題の障害・援助	⑦ 質問者の立場
③ 質問者の表面的な気持ち	⑧ 周囲の状況・気持ち
④ 質問者の潜在的な気持ち	⑨ 質問者の期待・恐れ
⑤ 問題の過去	⑩ 最終結果

● ケルト十字・実占例

相談内容　IT関連の会社を立ち上げ、2カ月が経過しましたが、まだ状況は不安定で軌道に乗っていません。今後の経営は上向きになりますか？（29才・自営業）

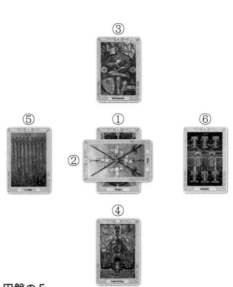

〈出たカード〉

① 問題の現状…**円盤の5**

② 問題の障害・援助…**剣の2**

③ 質問者の表面的な気持ち…**皇帝**

④ 質問者の潜在的な気持ち…**杯の王子**

⑤ 問題の過去…**剣の9**

⑥ 問題の近い未来…**杯の8**

⑦ 質問者の立場…**剣のエース**

⑧ 周囲の状況・気持ち…**剣の7**

⑨ 質問者の期待・恐れ…**剣の6**

⑩ 最終結果…**円盤の騎士**

286

回答　⑤問題の過去には「残酷」と呼ばれる「剣の9」、①問題の現状には「心配」と呼ばれる「円盤の5」、⑥問題の近い未来には「怠惰」と呼ばれる「杯の8」と、過去から近い未来まで、ネガティブな流れが続いています。特に現状の「円盤の5」は、金銭的に困窮している様子を表します。決して楽観できる経営状態ではないのでしょう。

　「ケルト十字」は、質問者の状態が詳細に出ますので、それを総合的に判断します。その中で際立つのは、③質問者の表面的な気持ちの「皇帝」と、⑦質問者の立場の「剣のエース」であり、両方とも強靭なカードです。決して楽な状況ではないながらも、質問者は強い責任感と高い意欲を持ち、前向きに経営に取り組む姿勢を見せています。「剣のエース」は一人で戦闘する姿勢を示しますから、④質問者の潜在的な気持ちの「杯の王子」も合わせ、意識が自分の夢だけに向いていることが読み取れます。周りに頼っていない状況なのでしょう。それを裏づけるかのように、⑧周囲の状況・気持ちには、無駄や無益を示す「剣の7」が出ています。周囲の人達は与える気持ちがなく、質問者にとって役立ちません。深いコミュニケーションが、取れていない状態なのかもしれません。

　しかし、⑩最終結果は「円盤の騎士」であり、勤勉さと能力の高さで社会的に成功することや、経済的に満たされることを示しています。苦しい状況の中でも挫折することなく、自分の意志を貫き続けることが功を奏すのでしょう。②問題の障害・援助は「剣の2」であり、最終結果がポジティブな場合の多くは、「援助」の方を示します。バランスが取れた平和な状態を示し、決して無謀な行動には走らないことも、プラスになりそうです。そうした動きは、⑨質問者の期待・恐れの「剣の6」が示す、合理的に考えながら進めたい意向があることからも、想定できます。しかし、ネガティブな流れや協力者に恵まれていない点を合わせると、⑩最終結果の「円盤の騎士」が遠くを見つめる表情は、どこか寂しげに感じられます。

(6) 生命の樹

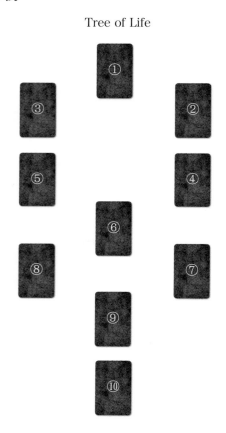

Tree of Life

● 生命の樹とは

　このスプレッドは、自分自身や大切な人の現在の霊性や精神性、人間性がどのようになっているのかを知りたいときに使用するスプレッドです。人間が生きる上で重視すべきである霊格の高さや、精神的成長度を知る上で有効です。

　この「生命の樹」は、ユダヤ教の神秘主義体系であるカバラの生命の樹の10個のセフィロトを、スプレッドに置き換えたものです。比較的有名なスプ

レッドですが、使用者によって各位置の解釈はまちまちです。ここでは、イーデン・グレイの著書に掲載されている内容を参考にし、それを使いやすい形にアレンジしました。

上の三角形である3枚をまとめて質問者の霊性と理想を示し、その下の三角形である3枚をまとめて質問者の知性と倫理を示し、更に下の三角形の3枚をまとめて質問者の潜在意識、特に欲望と衝動を示すと設定しています。

● 生命の樹での占い方

カードをシャッフルする場合は、混ぜてまとめたカードの山の1番上から7枚目のカードを①に置き、そのまま続けて②、③、④、⑤、⑥、⑦、⑧、⑨、⑩に置きます。これで生命の樹の展開は完了です。

カードを裏向きに1列に並べた状態から左手で引く場合は、1枚1枚カードが持つ役割を念じながら、列から次々と選んで10枚引いていき、①、②、……⑨、⑩の順に展開します。

それぞれの位置が持つ意味は次の通りです。

---

① **質問者の総合的な霊性**

② **質問者の創造的な力**

③ **質問者の理解力、知恵**　※①〜③を総合して、質問者の霊性と理想を示す。

④ **質問者の美徳、長所**

⑤ **質問者の克己心**

⑥ **質問者の犠牲の精神**　※④〜⑥を総合して、質問者の知性と倫理を示す。

⑦ **質問者の愛、欲望**

⑧ **質問者の行動**

⑨ **質問者の潜在意識**　※⑦〜⑨を総合して、質問者の潜在意識、特に欲望と衝動を示す。

⑩ **質問者の肉体、もしくは家庭**

● **生命の樹・実占例 1**

相談内容　普段からあまり家庭に意識を向けず、多大な時間とエネルギーを仕事に割いています。こうした生活ですが、自分の霊格や人間性が望ましい状態であるといえるのでしょうか。(56才・会社員)

〈出たカード〉

① 質問者の総合的な霊性…**円盤の 5**
② 質問者の創造的な力…**円盤の 9**
③ 質問者の理解力、知恵…**剣の 8**
④ 質問者の美徳、長所…**棒の 5**
⑤ 質問者の克己心…**杯の 6**
⑥ 質問者の犠牲の精神…**魔術師**
⑦ 質問者の愛、欲望…**円盤のエース**
⑧ 質問者の行動…**皇帝**
⑨ 質問者の潜在意識…**棒の 9**
⑩ 質問者の肉体、もしくは家庭…**円盤の 7**

回答

このスプレッドは、カバラの生命の樹と同様に、上部になるほど神聖で高い意識を示し、下部になるほど物質的な面を含めた低次の意識を表しています。そのため、上部から下部に向かって読み取っていくことがポイントです。

まずは①総合的な霊性の位置を確認し、質問内容の霊格や人間性をズバリ読み取ります。ここには心配や困窮を示す「円盤の5」が出ていて、残念ながら、決して霊格や人間性は、望ましい状態であるとはいえません。それを踏まえて、その下のカードを読んでいきましょう。

②創造的な力は「獲得」と呼ばれる「円盤の9」で、物質的な利益を得られるほどの創造力を備えています。しかし③理解力、知恵は「剣の8」と、複数の干渉による妨害を示し、様々な雑念が、理解力を妨害していることが読み取れます。①～③を総合して、質問者の霊性と理想を示しますが、「円盤」が2枚も入っているため、精神性よりも物質的な物事に、強く意識が向いていることが分かります。

その下の三角形は、質問者の知性と倫理を示します。④美徳、長所の「棒の5」は、葛藤があり決して穏やかではないものの、妨害や障害に立ち向かっていく意志の強さがあります。⑤克己心では喜びを意味する「杯の6」、⑥犠牲の精神では能動的な「魔術師」と、勢いがあります。よって、質問者の知性と倫理の力は強く、そのために仕事を通して、社会的に貢献できているのでしょう。

更にその下の三角形は、質問者の欲望と衝動を中心とした、潜在意識を示しています。⑦質問者の愛、欲望は「円盤のエース」で、やはり金銭的、物質的な成功を求める衝動が強いようです。⑧行動の「皇帝」は、まさに責任感を持って仕事に打ち込む男性像を示し、⑨質問者の潜在意識の「棒の9」は、潜在意識の中にさえも、確固たる自立心が存在することを表しています。その上にある「棒の5」と似て、克服心や闘争心の強い状態です。

最後に、この問題で重要である⑩肉体、もしくは家庭を確認すると、脆弱な「円盤の7」が出ています。他の全ての位置が比較的パワフルで優れているのに、①が示す総合的な霊性が優れないのは、やはりこの家庭への意識の低さが強く影響して

いるといえるでしょう。社会的に活躍し、物質的には満たされていても、最も身近である「家庭愛」を失っていることが、総合的な霊格や人間性の高さを引き下げているのです。

● **生命の樹・実占例2**

相談内容

ヒーラーとして活動しており、普段から神社仏閣巡りや規則正しい生活、和合の精神を持つことを意識して行っています。現在の霊格の状態はどうでしょうか。（38才・女性・自営業）

〈出たカード〉
① 質問者の総合的な霊性…**杯のエース**
② 質問者の創造的な力…**棒の7**
③ 質問者の理解力、知恵…**棒の3**
④ 質問者の美徳、長所…**剣のエース**
⑤ 質問者の克己心…**円盤の5**
⑥ 質問者の犠牲の精神…**剣の7**
⑦ 質問者の愛、欲望…**棒の8**
⑧ 質問者の行動…**杯の女王**
⑨ 質問者の潜在意識…**杯の6**
⑩ 質問者の肉体、もしくは家庭…**円盤の8**

回答　まず、①総合的な霊性の位置から、質問内容の霊格や人間性を読み取ります。ここに出ているのは、「杯のエース」。曇りのない純粋な愛情を示しますから、非常に澄んだ霊格と精神性を持っているという、理想的な状況であると判断していいでしょう。では、どの点が質問者の霊格を高めているのでしょうか。

　②創造的な力は「流れに逆らう勇敢なエネルギー」というキーワードを持つ「棒の7」で、周囲に流されない、独自の創造力を携えていることが読み取れます。③理解力、知恵は「棒の3」と優美であり、誠実で正直な視点からの知恵や理解があることが分かります。①～③を総合して、質問者の霊性と理想を示しますが、全て精神性の高い棒と杯のスートであり、物質的欲望の低い、高い精神性を持つことがうかがえます。

　④美徳、長所は「剣のエース」であり、鋭い決断力や攻撃力が、長所であることが分かります。⑤克己心で出ている「円盤の5」は「心配」を意味し、己に打ち勝つことが困難なことから、逆境には弱いことが想像できます。⑥犠牲の精神には、「無益」を意味する「剣の7」が出ていて、他者への犠牲には関心が薄いことが読み取れます。④～⑥の三角形は、質問者の知性と倫理を示します。上の三角形とは違って、より人間的・物質的である剣と円盤ばかりであることも含め、質問者の知性と倫理の力は弱いといえるでしょう。思考力に欠けるため、経営能力や社会を渡っていく力には、難があるかもしれません。

　更にその下の三角形は、質問者の欲望と衝動を中心とした、潜在意識を示しています。⑦質問者の愛、欲望は「棒の8」で、せっかちで散漫な状態になっています。何かを早く手に入れたいと考えている可能性があります。⑧行動の「杯の女王」は、何かを全面的に受容して反射させる愛のある行動を示し、⑨質問者の潜在意識の「杯の6」は、純粋で無邪気な喜びを示しています。愛情を司り、ポジティブである杯が3枚中2枚も出ていることから、質問者の潜在意識には、純粋な愛情が備わっていることが分かります。

　また、現実世界を示す⑩肉体、もしくは家庭に出ている「円盤の8」は、堅実か

つ慎重に労働に取り組む状況を示します。質問者が日々真面目に、仕事や家事をこなしている様子がうかがえます。

二つ目の三角形が示す知性と倫理は弱いものの、質問者は日々真面目に生活している上に、潜在意識の中では純粋な愛情を持っているのです。そのために、①総合的な霊性が、理想の状況を示しているといえるのでしょう。

（7）ホロスコープ

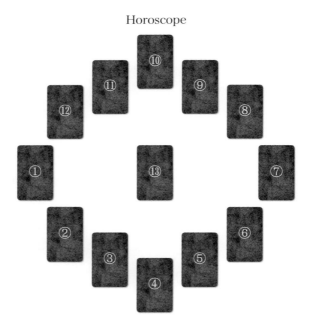

● ホロスコープとは

このスプレッドは、占いたいことが明確になっていない場合や、1カ月間もしくは1年間などの全体運を占いたい場合に使用します。

「ホロスコープ」は、西洋占星術で使う出生図の形をそのままスプレッドと

して使用しています。13枚のカードで、一気に人生全般における様々な出来事を占える、非常に便利なスプレッドです。1年間の運勢を占う場合、①から順に⑫まで、1カ月ごとに運勢を分けて占うことも可能ですし、そのぐるりと囲む形から、良い方角や失くし物がある方角を占うこともできます。その場合は①が東になり、②が東北東、③が北北東……⑫が東南東、という順番になります。その際には、強くポジティブなカードが出た位置を重視して、判断してください。その際の⑬は「見つかるかどうか」などと設定するといいでしょう。

● ホロスコープでの占い方

　カードをシャッフルする場合は、混ぜてまとめたカードの山の1番上から7枚目のカードを①に置き、そのまま続けて②、③、④、⑤、⑥、⑦、⑧、⑨、⑩、⑪、⑫と置き、最後に中央の⑬に置きます。これでホロスコープの展開は完了です。

　カードを裏向きに1列に並べた状態から左手で引く場合は、1枚1枚カードが持つ役割を念じながら、列から次々と選んで13枚引いていき、①、②、……⑫、⑬の順に展開します。

　それぞれの位置が持つ意味は右の通りです。

① 質問者の状況

② 普段使うお金、物質運

③ 勉強運、頭脳運、精神状態

④ 家庭運、母親の状況

⑤ 恋愛運、レジャー運、子供の状況

⑥ 健康運、ペットの状況

⑦ 結婚運、配偶者の状況

⑧ 貯蓄運、性生活、死に関すること

⑨ 旅行運、外国に関すること

⑩ 仕事運、父親の状況

⑪ 友達運

⑫ 質問者の潜在意識、災難

⑬ 全体運

● ホロスコープ・実占例

相談内容 もうすぐ新しい年に入ろうとしています。夫婦との仲を中心にして、来年1年間の運勢を教えてください。(51才・主婦)

〈出たカード〉
① 質問者の状況…**棒の8**
② 普段使うお金、物質運…**棒の5**
③ 勉強運、頭脳運、精神状態…**剣の4**
④ 家庭運、母親の状況…**隠者**
⑤ 恋愛運、レジャー運、子供の状況…**棒の10**
⑥ 健康運、ペットの状況…**剣の6**
⑦ 結婚運、配偶者の状況…**杯のエース**
⑧ 貯蓄運、性生活、死に関すること…**杯の7**
⑨ 旅行運、外国に関すること…**杯の9**
⑩ 仕事運、父親の状況…**剣の王子**
⑪ 友達運…**永劫（アイオン）**
⑫ 質問者の潜在意識、災難…**杯の女王**
⑬ 全体運…**神官**

回答

　「ホロスコープ」で最も重要なのは、⑬全体運であり、そこにはアテュの「神官」が出ています。キーワードは「寛大な心で見守る高い精神」であり、非常に神聖なエネルギーを持つカードです。トータル的には周囲からの援助も得られ、平穏で寛大な精神で過ごせる、穏やかな１年間になると判断していいでしょう。

　枚数が多いスプレッドでは、まずパワーが強いアテュが出ている位置をチェックします。この実占例では「神官」の他に、④家庭運、母親の状況の「隠者」と、⑪友達運の「永劫（アイオン）」が出ています。家庭運では孤独感を味わいやすかったり、内省したりする機会が増えることを示し、友達運では自分の人生を変えるような、運命的な友人や仲間と縁ができることを示しています。

　質問の内容は、「夫婦との仲を中心にして、１年間の運勢を知りたい」ということでした。ですから、夫を示す⑦と、自分自身を示す①を対比させ、夫婦の仲を読み取ります。⑦配偶者の状況には「杯のエース」、①質問者の状況には「棒の８」と、異質なカードが出ています。夫には質問者に対して、ほとばしるような純粋な愛情を持っているものの、質問者の方はせっかちになり、気持ちが安定していません。八方に散る８本の電気光線は、質問者の意識が四方八方に散り、夫に集中していないようにも読み取れます。夫婦関係を読み取る際には、④家庭運も参照にします。この「隠者」は、質問者が夫に向き合っていないことにより、心が通い合いにくく、孤独さを感じることを示すのかもしれません。夫の愛情を受け止める姿勢を欠かさないことが大切です。⑫質問者の潜在意識、災難の「杯の女王」も、潜在意識では女性的で優しい感受性を持ちながらも、どこか寂しさを感じやすい精神状態であることを想像させます。

　金運に関しては、対角線上にある②普段使うお金、物質運の「棒の５」と、⑧貯蓄運の「杯の７」を、同時に読み取ります。普段使うお金の方にも強い葛藤がありますが、貯蓄の方が心配です。貯金を増やしたいなどの物質的欲望により、貯蓄を無駄なことに投資しないように気をつけましょう。

　それ以外の位置のカードも、クライアントとの対話を通して、一つ一つ読み進め

ていきます。例えば質問者が旅行に興味がない場合は、⑨旅行運、外国に関することはサラッと読み流すなど、無理をしてまで全てを読もうとせず、臨機応変に対応しましょう。

参考文献

アレイスター・クロウリー著、榊原宗秀訳『トートの書』(国書刊行会、1991 年)

アレイスター・クロウリー著、島弘之・植松靖夫訳『法の書』(国書刊行会、1983 年)

アレイスター・クロウリー著、島弘之訳『魔術―理論と実践（上）』(国書刊行会、1983 年)

アレイスター・クロウリー著、島弘之訳『魔術―理論と実践（下）』(国書刊行会、1983 年)

S・L・マグレガー・メイザース著、判田格訳『ヴェールを脱いだカバラ』(国書刊行会、2000 年)

マンリー・P・ホール著、大沼忠弘、山田耕士、吉村正和訳『象徴大系III　カバラと薔薇十字団』(人文書院、1981 年)

伊泉龍一『タロット大全―歴史から図像まで』(紀伊国屋書店、2004 年)

伊泉龍一『完全マスター　タロット占術大全』(説話社、2007 年)

アーサー・E・ウェイト『タロット公式テキストブック』(魔女の家 BOOKS、2009 年)

Colette Silvestre-Ha'eberl'e 著、星みわーる訳『マルセイユ版タロットの ABC』(郁朋社、2010 年)

イーデン・グレイ著、星みわーる訳『啓示タロット』(郁朋社、2002 年)

マンガラ・ビルソン著、伊藤アジータ訳『直観のタロット』(市民出版社、2009 年)

伊藤マリーン『ザ・トート・タロット』(説話社、2012 年)

レオン・サリラ『魔術師のトート・タロット』(駒草出版、2015 年)

池田潤『ヘブライ文字の第一歩』(国際語学社、1994 年)

吉田光邦『錬金術』(中央公論社、1963 年)

Aleister Crowley, The Book of Thoth,Weiser Books,1981.

An instruction booklet by the Hermit, ALEISTER CROWLEY'S THOTO TAROT, OTO International/AGM, 1944,1962.

「トート・タロット」は OTO の許可を得て掲載しました。
Aleister Clowley and Frieda Lady Harris Thoth Tarot C Ordo Templi Orientis.
All rights reserved. Used by permission.

おわりに

　トート・タロットのデッキを手にすると同時に、アレイスター・クロウリーの著作『トートの書』を入手したのは、もう20年以上も前のことです。美しく幻想的な色彩と絵柄を持つトート・タロットを何とか使いこなしたいと、『トートの書』を参照しつつ、トート・タロットを取り出しては占うことを繰り返していました。しかし、その解説内容の難解さにため息を吐き、思うように読み進められない状況が続きました。『トートの書』には、カードに描かれた絵の象徴に関しては詳細に記載されているのですが、肝心な占い上の意味においては、ざっくりとしか記載されていないのです。特に数札であるスモール・カードを読み取る際には、絵の象徴を基盤に、英語で書かれたカードの名称と、描かれている十二宮と惑星の記号、カードが醸し出すイメージなどを総合して、表されている意味を読み取ってきました。また、実占を通して、カード自身から意味を教えてもらうことも、度々ありました。

　トート・タロットを真に使いこなすためには、製作者であるクロウリーの思想の大枠を知ることが必要です。例えば2千年間が1アイオンという単位の「永劫（アイオン）」という概念を知ることで、アテュ「神官」や「永劫（アイオン）」などの真のイメージをつかむことができます。また、カードをよく理解するためには西洋占星術の基礎も身につける必要がある上に、カバラの構造についても把握しておく必要があります。しかし、それだけの内容を把握するためには、厚いクロウリーの著書も含めて、数多くの専門書に目を通さなければなりません。それは忙しい多くの現代人にとって、決して楽な作業ではないでしょう。そのために、大変美しい絵柄を持つトート・タロットは、その人気の高さの割には活用されることなく、多くの家の引き出しの中で眠る羽目に陥っているのです。

　需要性の関係から、執筆を依頼していただくタロットの書籍や現在受け持っているタロット通信講座のほぼ全てが、アーサー・エドワード・ウェイトが制作したライダー版タロットを使用するものです。それ以外のデッキの解説書も書かせていただいたことがありますが、ライダー版使用の書籍に比べると、販売数が格段に下がります。そのため、出回っているタロット占いの解説本は、ほとんどがライダー版使用のものなのです。そうした中で、いつかトート・タロットの占いに関す

る解説書をまとめたい、という願望を抱え続けてきました。

　本書では、クロウリーの思想を含めたトート・タロットを使用する際に必要である知識を、難解な資料が多い中で、できるだけ簡潔にまとめたつもりです。占いの意味も、できるだけ使いやすいように、分かりやすく執筆するように心がけました。ですから本書1冊あれば、トート・タロットを使って占うことができます。本書を通して、ほんの数人でもトート・タロットを使った占いがスムーズにできるようになるのであれば、著者としては本望です。

　また、トート・タロットの画像の掲載許可をいただくのに、予想以上に待つことになりました。原稿完成から1年数か月間、根気よく待ち続けた結果、こうして無事にトート・タロットの本を出版する運びとなりました。大変感慨深く思っています。全ては、ベストなタイミングで起こっているのです。

　最後に、今回も出版にあたり大変なご尽力をいただきました説話社の高木利幸さん、デザイナーの染谷千秋さん、掲載許可をいただきましたOTO社様、この本の制作に関わった全ての方々、そしてこの本をこうして読まれている貴方に、心より感謝を申し上げます。トート・タロットの敷居が下がり、ライダー版に迫るほどの勢いで多くの人々に愛される日が訪れることを、願ってやみません。有難うございました。

2016年10月　藤森　緑

著者紹介

藤森　緑　（ふじもり・みどり）

幼少の頃から占いに並々ならぬ関心を持ち、1992年からプロの占い師として活動を開始。使用占術はタロットカード、ルーン、西洋占星術、四柱推命、九星気学など幅広い。鑑定人数は述べ1万5千人を超える。著書は『はじめての人のためのらくらくタロット入門』『続　はじめての人のためのらくらくタロット入門』『ザ・タロット』『悩み解決のヒントが得られるルーン占い』（全て説話社）他15冊以上。

占い師・藤森緑の部屋

＜ https://www.fortune-room.net/fuji/ ＞

実践トート・タロット

発行日	2017 年 1 月 16 日　初版発行
	2024 年 4 月 6 日　第 6 刷発行

著　者	藤森　緑
発行者	酒井文人
発行所	株式会社 説話社
	〒 169-8077　東京都新宿区西早稲田 1-1-6
	電話／ 03-3204-8288（販売）03-3204-5185（編集）
	振替口座／ 00160-8-69378
	URL https://www.setsuwa.co.jp

デザイン	染谷千秋
編集担当	高木利幸
印刷・製本	中央精版印刷株式会社

© Midori Fujimori Printed in Japan 2017

ISBN 978-4-906828-18-0 C 2011

落丁本・乱丁本は、お取り替えいたします。

購入者以外の　第三者による本書のいかなる電子複製も一切認められていません。

説話社の本

ライダー版（ウェイト版）タロット占いのバイブルが誕生！

ザ・タロット

藤森　緑・著

A5判・並製・248頁
定価 2,750円
（本体 2,500円+税 10%）

世界中で一番売れて、親しまれているタロットカードがライダー版（ウェイト版）タロット。そのタロットカードをオールカラーでわかりやすく解説しています。この1冊であなたもタロット占い師！

説話社の本

タロット占いの第一歩は"らくらく"におまかせ！

はじめての人のための
らくらくタロット入門

藤森 緑・著

Ａ５判・並製・128頁
定価 1,320円
（本体1,200円＋税10%）

タロット占いにムズカシイ知識は不要！ 今すぐにタロット占いをはじめたくなるはず。タロット入門書の決定版！

続 はじめての人のための
らくらくタロット入門

藤森 緑・著

Ａ５判・並製・144頁
定価 1,430円
（本体1,300円＋税10%）

大好評の『らくらく入門』の続編。小アルカナだって、本書があれば"らくらく"マスター！